翻轉命運的力量

星座血型生命靈數最佳指南

許宏◎編著

萬物同源

許勝雄

從事命理堪輿工作40載，對於人、事、物的看法確實有著更客觀的見解。在一門深入的思維中，鏈接著各種切入核心的脈絡，不怕角度突兀，只怕缺乏真正理解的程度。

命理風水在未接觸之前，當然算是玄學，因為那是一種看不到邊際的智慧傳承。

隨著時間經驗的累積，逐步驗證了前人的理論架構，那是看得到軌跡的科學統計。於是我們就會開始懂得接受來自八方的各種見解，不再執著於先入為主的本位。

作者許宏是我的孩子，這是因緣安排的相遇，父子都珍惜。我的所有領悟成長，也在他細膩的文筆與懇切的態度中完整記錄。在2006年為我出版了第一本著作《藏風聚水 DIY 祕笈》，一目了然的圖文並茂，堪稱最真誠而實用的堪輿工具書。

排命盤是為了掌握天時，知其命、善其用，此乃善用時間。

懂風水是為了凝聚地利，站對位置好出拳，此乃活用空間。

知命善用掌時機，看準方向才出力，就是美麗人生的精緻羅盤。

紫微斗數是星相五行天干地支最精準的呈現，但若沒有正確的八字，毫無用武之地。生命靈數只需出生年月日，並且不論陰曆陽曆，關鍵是在使用中的能量累積，著實方便。

許宏用其科學論證的根基，加上40年來的潛移默化，將這東方

與西方的智慧完整結合，理出一套令人折服的生命哲學，身為父親的我備感榮耀。

這世界只有一個，在地球上也不應有那東西方的楚河漢界。日月星辰對大地的照耀有其時間與空間的排列，用不同的角度與觀念剖析，最後始終殊途同歸。

加上眾作者的參與見證，除了感動，更多了讚嘆。在決策學的參考指標內，這本書儼然成為了最佳化的工具。

誠心推薦。

預告「真實而美好」的自己

嚴忠政

　　對於日月星辰，對於潮汐的機制，乃至銀河的一方，微塵與冰成為新的事件──可能是星球的誕生，或者太陽黑子有了新的活動。這些「現象」，自然界是否有著全宇宙所通行的一種法則？像是火車有固定的班表與軌道，而「過客」也有自己應該抵達的「那一站」。何況，沒有人是絕對的過客，太陽黑子也是在宇宙的規律中舞蹈！

　　我可以說，本書的作者都相信「全宇宙所通行的一種法則」往往會在我們面前「示現」。所謂的「數由天定」，據以推之，那些呈現在我們眼前的符號（數字）也就是某種暗示──其實「數字」所代表的「現象」是物質也是能量，善用物質與能量之間的影響與變化，我們就能明確改善所有數字能量盤裡的過與不及。而「那一站」也是自己可以選擇的，即便火車有固定的班表和軌道，「來來去去」有時候更受限於婚姻、工作，或早或遲，但如果能夠提早掌握它們的屬性、特質，正向看待，擬定自己演算未來的方式，每個人都能有「翻轉命運的力量」。

　　是的，誠如畢達哥拉斯所言：**「這世界不會有任何一個數字會莫名其妙的來到你的生命裡。」**重點是，那些來到面前、影響我們的數字，如何變成我們「向上」的決心，成就我們的「小宇宙」。如果這本書是一條航線，相信讀者閱讀本書之後，不但會有更高

的視野，也能抵達更美好的自己。

　　這本書裡有太多實例可供「驗算」了！例如，王琪麟，因為種種災厄而意識到「保險」的必要——「可能的救援」其實是從幫助「他者」開始。生命靈數俱足之後，更在 2017 年成為了「百萬圓桌會議（The Million Dollar Round Table, MDRT）」會員，以及「國際龍獎（International Dragon Award, IDA）」（華人壽險領域最高榮譽）會員。

　　在電影工業中，有許多「昨日科幻，變成今日科學」的例證。如果「明天的數字」都在今天來到我們面前了，就如同我們已經知道高鐵時刻表了，為什麼還要選擇遲到呢？

　　心有多大，世界就有多大。讓我們一起「預告」真實而美好的自己吧！

人生逆轉勝

劉銘

認識作者之一的心瑜是多年前的事了，多到都想不起來是怎麼認識的。一月份，我在廣播節目訪問她，重提往事，才知道她是聽我的演講而結緣的。但對她始終有個印象，就是她買了我很多的書，分送分享給朋友。

喜歡閱讀的人，將變換成作者寫書給別人閱讀，這是一個很有趣的身分轉換，但我並不意外，就像她對許多事情都充滿了興趣。有句話說：「**跟著興趣走，人生無絕路。**」這可說是心瑜人生的最佳寫照。

心瑜希望我能為這本書寫序言，然而我並不懂「生命靈數」這個在書中重要的內容。她表示，希望我能分享在遇到挫折困難，乃至生命中的苦難，如何能夠「人生逆轉勝」。前年大愛電視臺將我的故事拍成戲劇，最特別的就是，我自己演自己當男主角，這部戲剛好就叫做《人生逆轉勝》，若是這樣的話，我倒是可以聊聊做些分享。

每每不論在學校、監獄和一些民間社團演講，都會談到「樂觀」這件事情。就從樂觀開始談起吧！

一般人對於「輪椅」的觀感，總會覺得那是不方便與很辛苦的象徵，然而我已經坐輪椅了，若是與一般人一樣這麼想，永遠也無法超脫輪椅，讓輪椅有一雙翅膀可以飛起來。為了培養和訓練

樂觀心，我必須逆向思考，所以現在我可以說出坐在輪椅上有 10 種，甚至 100 種好處。

列舉其中的三種好處。若我和朋友或家人逛街或逛百貨公司，逛了兩、三個小時後，大部分的人都會腳痠腳累，我就不會有如此的問題，這就是坐輪椅的一項好處。再說第二個，如果今天要去參加一個叫好又叫座的活動，一般人都會擔心到了現場人滿為患，一位難求，然而這卻從來不會是我的煩惱，我笑稱我是自備「座位」而來。再說第三個，由於坐在輪椅上無法行走，穿鞋子對我來說無實質的作用，通常都是穿一雙襪子就達到美觀的功效。試想，這一輩子光是買鞋子的錢，就比人家省下了不知多少。

有一次到學校演講，有一位同學聽完後說，他也想到一種坐輪椅的好處，那就是坐輪椅的話，就不用怕被罰站了。當時聽了我噗嗤一笑，想必那是他的經驗之談，哈哈！

這就是樂觀。

樂觀與悲觀雖然只是一念之間，卻有天壤之別。樂觀會形成一種良性循環，讓我們與成功有約，悲觀則是會衍生惡性循環，讓人容易跌入失敗的深淵。

正是因為樂觀，當許多人知道我坐著輪椅，卻去過了近 30 個國家，大家都嘆為觀止，不可思議。這也因此讓我深切刻劃出一句

劉氏格言：「樂觀的人永遠有路可走，悲觀的人永遠無處可去。」如果你樂觀，即使端坐在輪椅上，一樣可以自由自在，來去如風；但如果你悲觀，即使好手好腳，也會發覺自己患得患失，哪裡也去不了，可見樂觀的重要，處處可見。

就像一塊石頭，悲觀的人，石頭變成了他的壓頂石，樂觀的人，變成了他的墊腳石；就像是挫折，樂觀的人視之為助力，悲觀的人當作壓力。如同我在面對自己殘障，殘障只是不便，而非不幸，這就是樂觀。

當你樂觀的能量累積越來越多的時候，慢慢就會變成現在許多人都在談的「**正能量**」了。

曾有許多人問我，如何讓自己成為一個具有正能量的人？正能量說起來比較抽象，雖然它和樂觀無法畫上等號，但包含了樂觀。而什麼是樂觀呢？樂觀就是凡事多往好處去想，凡事多正面思考，當你培養了樂觀後，距離正能量就不遠了。

曾在書上讀過形容正能量的一句話：「**什麼叫正能量？給人希望，給人方向，給人力量，給人智慧，給人自信，給人快樂。**」

如何讓人生逆轉勝？我倚靠的就是「正能量」。人生充滿正能量，走到哪裡都發亮。

改變

許宏

從《易經》的解讀，我們明白。

寰宇有其不易，這是無法改變的自然規律。

天下有其變易，那是萬物無常的必然。

世間有其容易，只是人們總愛將其複雜化。

捨近求遠是一種病態，

物稀為貴是一種錯覺，

本末倒置是一種愚痴，

指鹿為馬是一種莽撞。

學你沒的，說你有的，做你要的。

簡單化你的感受，細緻化你的思維。

感激所有為本書留下精彩記錄的作者們，因為有你們的參與，豐富了本書的實用性。若說星座、血型、生命靈數是骨架，你們就是靈魂。

感謝父親　許勝雄老師為本書背書，讓孩兒更加踏實。感謝嚴忠政老師為本書導言，讓真實與美好持續延燒。感謝　劉銘老師為大家的激勵，敲響了所有讀者心尖上的金鐘。三位重量級的作家為本書推薦，無比鼓舞。

感恩天地寰宇的支持，讓本書能精準前進，利益蒼生。21 位作

者的精髓，1 － 9 號人，4 種血型，12 個星座全然到位，若非乾坤之助，何來翻騰之路。

改變不是強求，而是順應自然。改變你想改變的，改變你能改變的。想你要的，說你要的，最重要的是做你要的，結果一定是你要的。

有緣編著此書，我感動。

有緣讓您看到此書，我感激。

感恩相遇，感恩一切的發生。

目錄

Part 1 基礎理論篇 ……13

星座血型生命靈數　單獨看待都是籠統
整合分析必然精彩　準確度只有百分百

Part 2 實例見證篇

林儷 / 處女座 A 型 **1** 號人 ……56
我的 1－9　答案 · 眼睛 · 美 · 在乎與感謝

張凱鈞 / 巨蟹座 O 型 **2** 號人 ……68
同卵雙生 · 我是凱鈞，更是將軍 · 主持人

張凱雯 / 巨蟹座 O 型 **2** 號人 ……74
心電感應 · 我的感激

金裔 / 摩羯座 O 型 **3** 號人 ……78
愛新覺羅 · 再結晶 · 週期表 · 房金組合 · 金裝佈隊

黃雅錡 / 金牛座 A 型 **3** 號人 ……88
遺書 · 情字逗這條路 · 歸宿 · 速度 · 冰點

謝金山 / 水瓶座 B 型 **3** 號人 ……98
水瓶外的金山 · 生命網路 · 贛南臍橙 · 客家人 · 英山財富

魏碩宏 / 摩羯座 B 型 **3** 號人 ……108
隼 · 溫泉暖房 · 廟公與里長 · 都更 · 只要你長大

蔡文苑 / 天秤座 O 型 **4** 號人 ……118
獨孤九劍 · 獅子吼 · 星空草原 · 雙胞胎 · 三位一體

朱麗芳 / 雙魚座 AB 型 **5** 號人 ……128
長女 · 我的世界 · 鋼琴上的芭蕾 · 外圓內方 · 導演

Part I
基礎理論篇

星座血型生命靈數
單獨看待都是籠統
整合分析必然精彩
準確度只有百分百

✳ 理信與迷信

理信與迷信，重點不在你信的是什麼，而是你為何信，信了多深。就像愛與不愛，重點不在你愛誰，而是你為何愛，怎麼愛。

在你對一件事還沒大致原則上的明白，甚至都還在懵懂無知的狀態，你就信了，即使是偉大的理論，我都說你是迷信。在你並沒有迷亂失去自己的情況中，你知其然，也知其所以然，即使你信仰了別人所謂的邪說，我都認為你理信。

但，事實勝於雄辯，理者恆理，迷者恆迷。因為那是一種不易扭轉的習性。就像很多人沒有宗教信仰，卻一切都談科學，但你可知科學是一種不斷在推翻自己的學問？

昨日謂之玄學，今日卻明瞭成科學。昨日的不可能，今日卻理所當然的能。只信科學也是迷信，因為你根本不懂科學。

✳ 數字是什麼

數字對大多數的人而言，當然是計算的工具。但這是科學的表相，而非實質意義的深層。

數字是符號，是精神，是時間堆疊的訊息，是空間延伸的痕跡。然而在生命裡，更是智慧無限的累積。

我們常聽說什麼密碼不密碼的，其實在密密麻麻的亂象中，各種文字語言的傳遞，都不如數字的簡易。

電腦語言的二進位，其實就是陰陽交錯的排列組合，而這一切依舊不失數字的精神在裡頭。

數字之所以能夠穿越古今中外，就因為數字不只是數字，而是不需多言即可一目了然的真理。

「生命靈數」要探討的，就是數字與靈魂與生命的種種關係。而數字從頭到尾只有9個，123456789。那「0」呢？0不是數字，卻是數字的緣起，如同太極來自無極，零即是無，無中生有。

1生2，2生3，3生萬物。

✺ 先天數與後天數

先天數就是與生俱來的數字，不需要計算直接呈現的數字。可視為常數，恆常不變的數，例如出生年月日、身分證字號。

後天數就是需要經過計算而衍生出來的新數字，或者隨時可能因為個人因素或環境因素而改變的數，例如電話號碼、車牌號碼、門牌號碼。

經過計算所產生的數字，雖說算是後天數，其實也有偏向先天數的特質，於是此介於其中之數，與個人之意念思維息息相關。於是為何我們不在數字上定生死、談善惡，就是這種陰中藏陽、陽中含陰的概念。

✸ 精準度多少

很多人問，生命靈數的精準度是多少？我都是這麼回答，言武門的解析都是 100%。

還沒 100% 是你還不懂、還不會，還不願認真學習、練習，當你將全套的言武門生命靈數學透後，百分百的精準度，無庸置疑。

我們不斷生死，不談善惡，不定吉凶，只給方向。但從不模稜兩可。

因為言武門生命靈數，已經完整的將全世界所有有關數字學的理解整合了進來。主觀而不失客觀，不問是不是，不問有沒有。沒有好像、可能、或許、大概、不一定，只有清楚明白的剖析與建議。

✸ 生命靈數怎麼算

我以我的出生年月日 1970 年 7 月 27 日來當例子，爾後寫出生命靈數方程式：

1970.7.27 ＝ 33 ＝ 6

由左至右，將出生年月日的每個數字加起來後會得到一個總數，上例即為 1+9+7+0+7+2+7 ＝ 33

將總數再個別相加，3+3 ＝ 6

倘若此刻出現的總數不是單數，而是雙數，那麼就請繼續加。

能量盤在後面的文再說明。

本文針對怎麼算來談談。

1970.7.27 這個部分是不用算的數字，我們稱為「**過去數**」。

33 是過去加起來的現況，我們稱之為「**現在數**」，就是「現在靈魂的狀態」，也稱「**靈數**」。

6 是未來靈魂前進的方向，是「**未來數**」，是「使命之數」，也稱「**命數**」。

✹ 生命靈數怎麼看

生命靈數還沒進入能量盤就能看到過去、現在、未來。

靈數，是現在數。

有人有兩層，例如 29 = 11 = 2，靈數就是 29 與 11。

有人只一層，例如 34 = 7，靈數就是 34。

一層的比較簡單具體，兩層的靈魂比較容易錯亂，比較複雜。

而以 34 來舉例，就是「左先右後，左外右內」。

「左先右後」開始交往時是 3 的狀態，顯得有創意；深度感知後，又會變成 4 的狀態，很有條理，顯得固執。

「左外右內」外表很孩子氣，年輕有活力，內在很保守，需要安全感。

命數的數字，就是俗稱的幾號人，而這個數字不只是特性，更是使命，還有傾向。

例如 6 號人，就是充滿責任感，充滿影響力，充滿愛，但也渴望愛。再例如 1 號人，就是很有獨立思維，卻渴望眾星拱月，方能找到自己，看似自我，卻實質缺乏自信。

✸ 生命靈數要用哪個生日？

計算生命靈數，要用你最常用的那個生日。在臺灣大部分人的身分證生日會是陽曆的，當然也有晚報或報錯的。

在大陸，大部分人的身分證都是農曆的。

因此不能說要用農曆還是陽曆，而是你最常用的是哪個生日，最常過的是哪個生日。如果不放心，全都拿出來算。

血型，在歷史上除非奇蹟式的換血，不然不可能變動。

星座必須以實際的陽曆生日來推算，因為那是你與眾星辰的關係。

生命靈數是你與數字間作用的狀態，與實際什麼時候生沒有關係。當然你不會從此刻開始去推出一個美麗的生日，從此騙己一生吧！那就是迷信了。

✸ 生命靈數沒有宗教分野

有人說他的宗教不允許迷信，那麼我還真想明白他是否真的了解他的宗教。今天我們所談的生命靈數緣起於 2500 年前的希臘哲學數學家畢達哥拉斯，這與宗教無關。既然這是我們有跡可循的先覺，那麼我們尊稱他為畢達哥拉斯老師，雖然他不姓畢，但我們在本書就簡稱畢老師吧！

畢老師說了一句經典名言：「**這世界不會有任何一個數字會莫名其妙來到你的生命裡。**」

是的，所有的巧合都不是巧合，而是在大自然運轉的過程中有

其脈絡可循。就如同電影《功夫熊貓》裡龜大仙說的一句話：「這世間沒有意外！」

除了佛教所言，宗教所談的世界都有主宰，既然有主宰就會有侷限，那麼這個世界就不是真正所謂的世界。

而真正的世界，不是科學所能量測，因能量測的也有其極限，於是時間沒有開始、沒有結束，空間沒有最大、沒有最小。

當你明白數字不再只是計算的數學，而是宇宙時間與空間的念頭，那麼你的思維已超越，深度的思維起於心。此刻即可知曉，心有多大，世界就有多大。

✸ 最快速最簡單的決策學

這世界上有很多事情在執行之前沒有方向，於是很多人求助於看不到的力量。例如西方的占卜、中國的《易經》，而由《易經》衍生出來的決策系統，包含八字學、紫微斗數、奇門遁甲。

但所有的決策學都有其入門與深入的難易區別，也有其所必須事先準備的參考資訊，一旦資訊錯誤，決策就會失誤。

而生命靈數堪稱人類史上最簡單最快速的決策學。因為它需要的不是精準的出生年月日時，而是只需要清晰平常所最常運用的生日。生日對與不對也沒關係，而是你究竟使用這個生日多久了。

數字在人們的靈魂裡，從你開始有意識想要決策什麼的年齡時，那麼這些數字已經與你醞釀了很久的情感，產生了很多的共振，於是彼此牽動著時空的變化。

有時是你影響了數字，有時是數字左右了你的決定，在那當下已經分不清是誰改變了誰。

你可以用幾秒鐘的時間判斷新朋友的個性與狀態，決定與他應對進退的模式，甚至還能夠給他清晰的建議。這在過去太被抽象化，而我們卻能夠用一張紙、一枝筆，就能讓原本陌生的人，瞬間拉近了距離。

✹ 能量的強弱

能量似乎是一種很抽象的東西，其實可以用這樣的方式來形容：**能量是一種有能力產生力量的非物質。**

能量可以是源於物質，也可以是非物質。有時是力量的轉移，有時是空間與時間的變化，有時甚至只是一個念想。然而念想的堅定與否，其實也牽扯物質的滋養。因此這世界有一個恆久不變的「質能不滅」定律，質量可成就能量，能量當然也可憑空變成質量。

生命靈數能量盤裡的同一數字越多，當然就表示這個數字所帶來的影響越大。反之，沒有就是缺乏，缺乏就得補強。補強的方法很多，只是力道能否出來，也與能量的強弱有關了。

善用物質與能量之間的影響與變化，那麼就能明確改善所有數字能量盤裡的過之與不及。

✦ 數字的東方與西方

數字在東方與西方，可能有不同的單位，可能有不同的符號，但是你不難發現共同點，不難明白他們不是只在計算，而是在數字的背後都充滿了各種意涵。

只要你細膩想想，不難發現數字是最容易溝通的符號，超越了文字，更穿越了語言。連交易都不需要複雜的溝通，於是我們可以說：**「數字本來就是靈魂之間的橋梁。」**

阿拉伯數字據說緣起印度，而其原始的符號形狀根源於角度的數目。

羅馬數字，簡單的由三個字母拼湊——I、V、X，只差在數量與左右間的擺放，就可以明白其真理的傳輸。

河圖洛書上的黑點與白點，應該說實心與空心，在陰陽之中，表露了天地之道無數。

數字，不應該分東西方，而是天地間傳輸訊息穿越時空的密碼典藏，如太陽，如月亮，如眾星辰，傳遞著永恆的愛之光。

✦ 教（音「交」）材與教（音「叫」）材

教（音「叫」）材是靜態的工具，卻是把資訊叫出來的根據。校對學生的思緒，窖藏陳釀的智慧，這本書就是．

教材是為了教育良才，有如參天之木，昂首而望，激勵以闊步，本書的每一個故事都是。教材叫出可造棟樑之材，叫出可為軒輊之材，支撐天地，行遍天下。

教（音「交」）材是課程傳述中，置於腦袋之典故，通常不著墨於文字，更顯傳承之生動與靈活。如密法之親傳，如世代之交替，如真誠靈性之交接，如負責任之交待。

這本書是所有傳承生命靈數者，闡述生命價值與方向的標準典籍，不為八股抽象之論述，更有實質感動之案例。堪稱最佳教材，叫好又叫座，是交材也是叫材。

✹ 雙胞胎怎麼看

雙胞胎的生命靈數一定是一模一樣的，但他們還有一組先天數會跟著一輩子，卻不可能是一樣的，那就是身分證字號。

筆者已驗證了很多對雙胞胎，不論是同卵雙生或是異卵雙生，都是這樣的現象。生日所展現的是他們共同的特製，而身分證大多數會有末二碼的差異。所以我們驚訝而不意外的發現，這是必然的結果。所以不論幾胞胎，都能夠依照身分證字號輕鬆判別。

在紫微斗數的解析中，雙胞胎若在同一個時辰出生，第二個出來的必須往後算一個時辰。例如兄姊是子時，弟妹就是丑時了。

✹ 過哪個生日，與說哪個生日很重要

過哪個生日，表示你對這一個日子的重視，因此這個生日的數字能量所整合出來的力量，就影響你很大。如果你過好幾個生日，那麼就會被平均影響。

例如有人就會又過農曆生日又過陽曆生日，還有身分證上的生日，那麼影響的程度就會與你運用的頻率多寡有關。

比較沒有在過生日的人，身分證的生日影響最大，因為證件總帶在身上，填寫相關資料時，也經常必須依據身分證上的生日。

我個人就有這樣特別的經驗，24 歲之前我沒在過生日，只有外婆會在我農曆生日為我準備吃的，因為前一天是關聖帝君生日，所以必然豐盛。以農曆生日來算，我是 30/3 的三號人。

然而我身分證是實際生日晚報一天，算起來我就是 34/7 的七號人。

24 歲後我開始有社交生活，於是用真正的陽曆生日過生日，就成了 33/6 的六號人了。

這種情形我感受很深，因為生日過的模式不一樣，生活習性與個性心態也開始有了轉變。我發現前後一天剛好缺數互補，於是後來我都告訴朋友們真實的狀態，也說了身分證晚報的故事。

奇妙的，我的能量缺數就有被填補上的感覺。使用越久的生日，影響當然也越大，那麼在你精算過後，你也能夠明白該用哪個生日對你比較好，這也是學習生命靈數最有意義的目的之一。因此選擇過哪個生日很重要。不是都過最好，而是必須視實際的狀態來調整。可以挑一個過會最好，否則判斷流年，自己也會很亂。

✦ 英文字母與數字

英文有 26 個字母，於是 2+6 = 8，使用英文可以在表達 2 上增加自信與順暢，然後增加影響力 6，最重要的是要執行 8。聽說讀寫，盡量去用、去練習，那麼財富的衍生也會很自然的隨之而來。

1	2	3	4	5	6	7	8	9
A	B	C	D	E	F	G	H	I
J	K	L	M	N	O	P	Q	R
S	T	U	V	W	X	Y	Z	

以上述的排列找到字母的對應關係，那麼你就會清楚英文字母個別代表的能量與意義。

AJS 都是 1，BKT 都是 2，CLU 都是 3，DMV 都是 4，ENW 都是 5，FOX 都是 6，GPY 都是 7，HQZ 都是 8，IR 都是 9。

把這一切搞熟，你會對英文有另一個更深度的明白，不是只有字義上的解釋，而是每個單字所帶來的能量。

✦ 用英文名字補你的關鍵能量

英文名字靠著你常寫、常唸、常被稱呼，那麼也能夠增強數字之能量。但是，是哪一種補強的模式呢？難道英文名字裡面的每個字母都產生力量嗎？

Oh, No！英文名字不管有沒有唸出聲音，主體都是呈現整個英文字的能量，而非個別的字母。例如說 Mary 個別是 4197，加起

來就是 21/3，於是主體就是補上 3 的能量。

　　因此你可以在你的能量盤中找到你最需要的數字，記得只能一個，然後去找一個代表這個數字的名字。

　　多唸它，多寫它，多讓人叫它，這樣就會有很強烈的感覺了。但切記不能貪心而經常換名字，那將適得其反。

✳ 所有的英文單字都能用數字解釋

　　Money 是 46557 = 27 = 9

　　本質上，錢要先有 4 規畫，6 責任，5 勇氣，5 改變，7 幸運。外在是合作與表達 2，內在依舊回歸到 7 幸運。

　　而終極目標卻是 9 奉獻。

　　當你看到這裡，你應該懂了，錢來自哪裡，又有何目的。

　　Like 喜歡

　　3925 = 19 = 10 = 1

　　Love 愛

　　3645 = 18 = 9

　　一目了然的差異。

　　喜歡是一種創意天使般表達的勇氣，

　　那是緣起大腦思緒的自己 1。

　　愛是一種童真負責堅定的核心價值，

　　那是思而後行的永恆奉獻 9。

　　喜歡，是想法，

感受的是自己。

愛，是行動，

更是奉獻的堅持。

I 是 9

Me 是 45 = 9

You 是 763 = 16 = 7

We 是 55 = 10 = 1

不論是 I 或 Me 都是我，都是 9，於是可以確認一件事：「奉獻了，才能找到自己。」、「無我狀態，才能真正尋得存在。」

你 You，是我 1 的責任 6，拉近了距離，才有了幸運 7。

當你、我成為了我們「We」，那是一種內外皆然的勇氣 5，成就偉大的創造力 101。開始感受到，每個單字都能用數字解釋了嗎？

✪ 血型與數字

血型只有四種：A、B、AB、O。

A 型是 1

除了 1 的特質外，A 型有如巴黎鐵塔，希望眾星拱月，只能你配合他，他很難配合你。固執而保守。

B 型是 2

除了 2 的特質外，B 有其曲線，豪放而熱情。

AB 型是 12/3

123 的特質都有，因此多樣化而善變。

O 型是 6

除了 6 的特質，也有 9 的性格，更重要的是如一顆球滾來滾去，脾氣來得快去得也快。

能量盤怎麼排

我以我的生日 1970 年 7 月 27 日來當例子，

先將能量盤寫出，寫的順序方式如下：

1	2	3
4	5	6
7	8	9

爾後寫出生命靈數方程式：

1970.7.27 ＝ 33 ＝ 6

由左至右，將出生年月口的每個數字加起來後會得到一個總數，上例即為 1+9+7+0+7+2+7 ＝ 33。

再將總數再個別相加 3+3 ＝ 6

倘若此刻出現的總數不是單數，而是雙數，那麼就請繼續加。而不管出現那些數字都是算在方程式中，圈時都要圈上。

再將生命靈數方程式上的所有數字圈在能量盤上，即可完成。

都有圈的即可連線，若有沒圈的就不連線。

統統沒圈到的，就稱隱形連線。

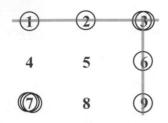

✴ 能量缺陷怎麼辦

生命靈數的能量數字盤若有缺，應該如何補？

萬物皆有能量，只是你認識它們的屬性嗎？

當能量數有缺時，連線有斷時，又應該如何補呢？

色彩、音律、食物、冥想都有補的力量，但都不容易持續。

能量的狀態是「性格習慣的現況」，想要改變必須先從觀念上的願意開始，從當下的觀念改變必須歷經 21 天不間斷才能轉為新的習慣，這樣的新習慣就會造就新的能量盤。

而每一次的改變必須用 5 種元素共同運作，才有真正轉動的力量。5 為宇宙的旋轉軸心，代表勇氣與改變，於是一次補 5 種就是改變的決心。

然而補的方式，沒有一種方式可以如同精油般的可以滿足一整天隨時在補的需求，也沒有一種物質可以如此平衡的分布，同時補強。

於是**精油**成為了首選。

但，生命靈數精油的調配有其正確方式，調配者必須同時深度

了解「精油」與「靈數」，並且擁有合法的工廠與原物料，才能達成此一目的。

能量缺陷就是 1－9 少了某些數字，然後就會少了一些連線。這樣就會減弱了一些能力，少掉了一些機會，增加了一些困擾。

最好的模式，當然是用生命靈數精油補強能量，因為這是靈魂的缺憾，當然要用植物精油來補。尤其是連線的部分，目前找不到任何可以完美調整的方法。

聽適合的音樂有暫時的效果，看美麗的風景也有短暫的作用，吃各種顏色的食物，也都是救急的功能，並非深度的改善。

用寶石來強化也只能強化單一數字。

顏色的對應關係如下，但並非一次都戴上就全搞定。否則很多少數民族的鮮豔服裝，不就讓所有族人都圓滿無缺憾了？

紅、橙、黃、綠、藍、靛、紫，剛好對應 1、2、3、4、5、6、7。

8 是粉紅色＋金黃色，一次兩種顏色。

9 是白色。

顏色的組合也無法代表連線，因此還是推薦用生命靈數精油最為根本。

✦ 流年數代表什麼

流年數就是生日與生日之間的能量流走狀態，在每一個流年數裡，順勢而為那麼就能事半功倍，也避免無意義的耗費。

流年數 1，凡事都是全新的開始，當然歸零學習是最佳的選

擇，沒有學習，沒有累積新的能量，爾後的八年即使機會來了也抓不住。

流年數 2，這是從個人獨立學習前進合作的初始階段，良善表達與簽約協定都是這年的重點。

流年數 3，這是發揮創意以及進入團隊整合的一年，很多事會有擴張性的建立與創舉。

流年數 4，這是整理前三年學習成果的階段，梳理自己的思緒，枕戈待旦，準備出擊。

流年數 5，這是勇敢改變的一年，不想改變也會被迫改變，奮戰是你唯一的選擇。

流年數 6，這是戰後療癒或扛起責任的一年，建構自己的影響力當然會有比較多的人事問題，但卻是為了迎接精彩的幸運。

流年數 7，這是最幸運的一年，直覺力通常比較精準，要好好把握。

流年數 8，與金錢的震盪有關，大起大落，大進大出，花錢是必然的，於是保守卻熱情，慷慨不吝嗇會是最佳選擇，該做什麼就做，有夢就追。

流年數 9，這是很多事結束的一年，也是醞釀新希望的一年，給自己美好的收尾，給自己新學習的起步，用奉獻的心與行動結束，就是對這九年最完整的交待。前進下一個良性循環。

✹ 流年流月流日怎麼算

生命靈數的流年不是以農曆年過年，也不是以陽曆年跨年為分界，而是以生日為分野。

計算模式與出生年無關，而是要計算流年之那年為標竿，例如我的生日是 7 月 27 日，我要知道 2018 年的流年。計算說明如下：

2+0+1+8+7+2+7 = 27，2+7 = 9

於是我 2018 年 7 月 27 日生日之前流年走 8，生日之後流年走 9。我們稱為流年 8 接 9。

2018 年之流月，例如我要知道 8 月的流月，那麼就是用那時的流年數加月分數即為流月數，所以 8 月就是：

9+8 = 17，1+7 = 8

2018 年八月之流日，即以流月數加上日子即為流日數，所以 8 月 28 日就是：

8+2+8 = 18，1+8 = 9

所以 2018 年 8 月 28 日這一天對我而言，流年走 9，流月走 8，流日走 9。奉獻的執行就是天意，而這一天正是「言武門教育訓練系統」正式啟動的三週年。

✹ 流年與數字精油

流年走 1 是一切的開始，不論何事皆是起步，應專注學習，蓄積能量，可以用 123 補強藝術領導的力道，用 147 強化天地協助的好運氣，用 159 達成目標的貫徹性，用 369 開啟智慧的延伸，

用心想事成順暢一切的起頭。

流年走 2，是合作和諧的年度，表達加分的歲月，應以 123 藝術化你的表達，258 強化熱情的專業執行，26 讓表達產生影像力，24 讓一切有調理性的整合，招蜂引蝶強化與人合作的順暢性。

流年走 3，是創意掛帥的一年，有如金山坐，有如財水流，信手拈來皆點綴，成就必然是團隊。

1 是個人，2 是合作，3 是不失赤子之心的思維。

用 123 讓團隊之藝術成型，讓領導力亮麗呈現。

用 357 讓人緣的後座力遠遠超越一開始的錯覺。

用 369 讓智慧扭轉不成熟的思維。

流年走 4，乃良善規畫的一年，應將前 3 年所學系統化，枕戈待旦，拂曉出擊。

這一年要強化自己的自信與安全感 456，累積自己的小幸運 147，提升靈活的應變 24，務實任務計畫的執行 48。

流年走 5，是可以勇敢改變的一年，攻城掠地，這需要勇氣，需要熱情，需要信心，需要人氣。

給自己全力以赴的決心 159，

給增加左右逢源的人氣 357，

給自己不偏離中庸之道的穩健 456，

蓄積滿載而歸的士氣 258。

流年走 6 是責任扛起的艱辛，是擁有成就感的影響力，是奮戰過後的療癒。

人事物的繁瑣必然衝擊，是愛還是傷害都看自己。

456 的身心靈平衡是必然的重點，

369 的沉靜是首要的功夫，

26 建構表達的影響深度，

68 踏實內在的誠摯感受。

流年走 7，是九年一循環中最幸運的一年，

789 貴人相伴，147 天地支援，357 深得人心，

靜心覺知是功課，感恩珍惜是基底，一鼓作氣，收成亮麗。

流年走 8，這是務實執行的一年，有金錢大起大落的可能，是不能偷懶的一年。

258 熱情不能減，789 貴人不能少，

48 奮鬥一定要，68 真誠沒煩惱。

流年走 9，這是一個收斂、檢討、奉獻的年度，一切都在蓄勢待發，可預備，可醞釀，可學習，可思考，可設定生命下一個階段的夢想。

很多事會在這一年結束，包含你想得到的各種可能。

但切莫在此刻大張旗鼓，擴大你的版圖，而是圓滿你前八年未完成的目標。

159 增加延續的能力，369 開發智慧，789 貴人共振。

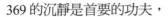 數字精油正確使用方式

如果你只是想在短暫時間內補強某一種能量，那麼直接滴出該種數字精油，塗抹在自己的身上即可。但這是補強單一能量，而非植入潛意識的改變習性。

要從大腦的思維想法轉換成為靈魂的習慣，那需要 21 天不間斷的建構。精油的代謝大約 24 小時就全然完成，於是若未成為已改變的習性，那麼效用一過，影響也就消失。

改變能量狀態的習性，那必須勇氣與改變，就是 5 的能量。於是若要改變狀態，除了是 21 天的建構外，更必須堅持 5 種精油的能量組合，同步進行。

五種精油各滴一滴於左手心，用右手之中指沾取，抹於頭頂，灌氣，冥想該能量之氣竄流於全身，暢通於末梢，於 20 隻指頭排出。爾後，再沾取塗抹於耳後、後頸。然後雙手互相搓揉，嗅吸吐納三回，即可完成。

最佳模式，每天固定時間在早上梳洗後進行，21 天未到請勿間斷，那麼你可以明顯體會那細膩的變化。

✹ 數字精油如何製作

數字精油的製作並不容易，因為那必須要考量非常多的因素。包含強化優點與淡化缺點的考量，所以不可能由單一物種的精油來呈現，而是必然的複方。

複方的組成也不是只考慮種類，還有品種、部位、萃取方式、比例問題，還有先後順序。

懂生命靈數的不懂精油，懂精油的不懂生命靈數，即使都懂的沒有合法的工廠，因此這樣的任務就落在了筆者身上。因為我都懂，都很強，更重要的是我有自己的精油工廠，座落在寶島臺灣。

數字精油，1、2、3、4、5、6、7、8、9各有一種配方。

大連線，147、258、369、123、456、789、357、159各有一種配方，而不是把相關數字整合進來就形成了配方。

小連線，24、26、48、68各有一種配方，同上的道理。

數字精油一定得純精油，不要用香精，不要用色素。那是靈魂缺陷的填補，那是靈魂飢餓的補給，不是欺騙自己的催眠曲。

✳ 生命靈數

生命靈數近年來很流行，但是大家總是一知半解，原因就是不懂原理。光靠一般書籍的死背死記，是不可能有所頓悟的。

生命靈數緣起於2500年前，當時正是地球上各地出現一群很有智慧的高人的時代。釋迦牟尼佛就是在這時期誕生，中原也正值春秋戰國，於是諸子百家學說盛行於此，眾家齊鳴，包含孔孟儒學、老莊思想、孫子兵法。而希臘也同樣出現了一批偉大的哲學家，蘇格拉底、亞里斯多德、柏拉圖希臘三哲皆是在2500年前之前後數百年間先後出現。偉大的數學家畢達哥拉斯也是，他的貢獻不只在數學，而是將數字的能量祕密陳述於世間，讓人們更有依循之方向。

從123456789這九個數字，就能參透人們性格上的差異與特質，這是化繁為簡的神奇，也是開拓智慧的方便之門。

學習數字能量之重要性，似乎更勝於數字的計算，微積分不一定在人們的生活中會遇到，生命靈數的力量卻跟隨著靈魂，從出

生到死亡。

如果在小學的數學課本加上了生命靈數這個單元,那麼牙牙學語的學童們將從此愛上數學,而非日復一日、年復一年的恐懼。並且也將因這門功課,找到了自己人生的方向。

或許八股的教育家會對筆者的言論嗤之以鼻,卻也無法抹滅生命靈數這個緣起於數學的偉大科學。

人們迷信於自己的認知,卻更迷失於尚未開啟的智慧。生命靈數對筆者而言是珍寶,是幫助茫然者的實用工具,更是剖析自我的基本能力。

1 是自我,2 是合作,3 是創意,4 是框架,5 是勇敢,6 是療癒,7 是分析,8 是執行,9 是奉獻。而其是否有「連線」,是否「存在」,「擁有的力量」有多少,更是細緻分解的靈性數學。

明白生命靈數,就能讓自己、讓別人擁有精彩的生命。

善用生命靈數的植物精油能量對應,也就能補強化解生命中阻礙的力量。這是什麼原理?這是自然。

✸ 數字 1 的力量

1 是男人,2 是女人,3 是孩子。

1 是個人,2 是合作,3 是團隊。

所以 1 是關鍵的開頭,是人類的起源。上帝創造萬物後的第一個人是亞當,是大腦,是思考,是自我,是自私,是自以為是,是自我感覺良好,是自大,是自卑,是自信,是自我放棄,一切

都緣起於自己的腦袋。於是只要與「自」有關的形容詞，都是 1 的特質，所有男人的特質也都是。

1 有開始的意思，是八卦中的「坎」卦，北方。

羅馬數字「I」，獨立而孤單。

✾ 數字 2 的力量

亞當自以為是，卻不免覺得孤獨，並且擁有很多缺陷，於是神將其肋骨取下一根，在週六的最後一刻創造出更完美的作品——夏娃，然後神就休息了。

因此女人是神所最滿意的作品。

2 就是女人，因此所有女人的特質都可以代表 2。

大嘴巴，愛說話，沒表達很難過，卻又有如蛇一般的柔軟，懂得與人合作。

八卦中屬「坤」卦，西南方。

羅馬數字為「II」，表示已經不再孤單了。

形式上可為兩條平行線，可以重疊，也可以交會。

✾ 數字 3 的力量

3 如同山，是活力十足的東方，是飛龍在天的方向。

3 是孩子，是創意，是變數，是無限可能，是年輕，是顛三倒四，是孩子氣。只要與孩子有關的狀態都可以連上。

在八卦中是「震」卦，東方。

羅馬數字「III」，表示三個人的團隊了。

三條線已經可以成就無限可能了，光是三角形就有各種變化。

因此 1 生 2，2 生 3，3 生萬物。

✴ 數字 4 的力量

4 是 3 的弟弟，最後被 3 殺了，於是 4 很缺乏安全感，因此給了自己緊閉的框架，如枷鎖，如城池，如監獄。但也因為小心翼翼，於是讓自己顯得很有規矩。

在數字能量中，有 4 才有安全感，太多 4 就會太固執、太死板，沒 4 就會顯得不按牌理出牌，尤其是在有 3 無 4 的狀態。

在八卦中，4 是「巽」卦，東南。

羅馬數字「IV」，如同一個人站在勝利 V 的左邊，表示還沒勝利。

四條線可形成井，可形成口，於是 4 與錢財很有關聯，井水為財，外圓內方為錢。

✴ 數字 5 的力量

安定久了總希望突破，關閉久了總希望解放，這改變需要勇氣、膽量，甚至需要爭戰。這就是 5 的狀態。

八卦裡的 5 是中土。

5 是一種核心的力量，以形狀來看，如同戰爭的武器。

羅馬數字「V」是勝利的表彰，卻有時也必須付出代價，正所謂殺敵一萬，自損八千。

奧林匹克的象徵是 5，棒球本壘板也是 5，五行的平衡也是 5。

5 條線最經典之作就是房子，可視為黃金屋、戰利品。

8 是財，5 是庫，財須有 5 方守住。

✹ 數字 6 的力量

戰爭後需要療癒，需要扛起責任，需要打造影響力，這是 6 的特質。

6 與 9 是很特別的兩個字，6 為陰，9 為陽，這在《易經》裡也是如此。**6 是小愛，9 是大愛，沒有小愛何來大愛。**

6 很像藥杓子，因此更強化了其療癒的本質，醫者父母心，有關係就沒關係，更讓人明白 6 與 9 的依附共存。

六條線可形成六角型，這就是蜂窩，蜜蜂之所有一切，包含蜂膠、蜂王乳、蜂蠟、蜂蜜等，為何如此具備療癒特質的原因。

羅馬數字「VI」那是一人已站在勝利的右邊，表示勝利之後所需做的各種繁瑣的細微處。

八卦裡的 6 是「乾」，西北。

✹ 數字 7 的力量

1 是大腦的思維，7 是潛意識，從 1 要到 7，那需要 21 天的堅持。

7 是分析，因此 7 太多會想太多，甚至好辯。

7 是幸運，7 是直覺力，7 是潛意識。

7 有如可以勾到天際的法器。

八卦裡的 7 是「兌」卦，西。

羅馬數字「VII」兩個人在勝利的右手邊，因此有福同享，這當然是幸運。因為多少人呈現的都是可共患難而不可共享福的狡兔死走狗烹。

✹ 數字 8 的力量

8 是執行力，是財富的無限可能，是金錢的觀念。

橫放即是無限大的符號。

8 是財，5 是庫，不是說有 8 就有錢，不是沒 8 就沒錢，而是對錢的重視程度。

8 是八卦裡的「艮」卦，東北。

羅馬數字「VIII」有 3 個人在勝利的右邊，表示人多勢眾，實力強大。

✸ 數字 9 的力量

9 是奉獻，是大愛，是夢想。

所以有 9 的人比較願意奉獻，9 號人總是活在夢想裡，有沒有完成夢想，就是快樂與否的關鍵。

9 如氣球，因此是夢想，也怕破滅。

八卦裡的「離」卦，南。

9 有結束的概念，也是醞釀開始的起點。

9 之羅馬數字為「IX」，X 為終點，一人於終點之前即為 9。

✸ 0 的力量

「0」不是數字，但很有力量。

0 有空的意涵，有放大的效用，有歸零結束的特性，有延伸的特質，有幽默的效果，有與英文字母「O」容易混淆的機率。

在數學中，當 0 擺在一串數字的前面，只是毫無意義的符號，當 0 的後面加了小數點，那麼小數點後若越多 0 就讓數值越來越小。如果 0 是在小數點前增加，那麼越多 0 數值就會越來越大。所以 0 有無限放大縮小的功能，因此一體兩面，可大事化小，也可小題大作。

0 若是出現在加減法中，毫無影響，在乘法中就會瞬間歸零。

所以在生命靈數方程式中，0 的出現有時是扮演著舉足輕重的角色，一切的特質可大可小，端看階段性的心性。

✦ 星座血型

星座與血型是一種分不開的約定。

星座是出生時，天上星宿萬有引力的總體合併，這是大自然的作用力，並非玄學。如同月亮牽引的潮汐，恰似太陽升起與落下的黑暗與光明。

血型是身體流竄的能量特質，就像獅虎有著猛然的血液，狗兒卻有著忠誠的天性，此乃萬物本質的基本設定，無法轉換。

當星座遇到血型，就有了 12 乘 4 的 48 種組合，而這組合便影響著個性，再因個性牽動著身心靈行動的選擇，而決定了命運。

然而，這世間並不是只有 48 種人，也不會只有 48 種命，於是又有了各種交錯複雜的分析。星座血型並非斷人生死，而是製造話題與改善人際關係，每一種星座血型都有其優缺點，需要做的是改善其缺點，強化其優質的特點，藉由精油的搭配，就能補強其能量。

星座也有對應的數字，而這些數字的能量，也都左右著該星座的特質與使命。於是又與生命靈數產生了巧妙的關係，因此「星座血型生命靈數」就是最夯的課程，一天就能明瞭其精神與方法，而功夫只需接下來經驗的不斷累積。

在數字的能量上，星座的對應如下：

牡羊＝1	金牛＝2	雙子＝3	巨蟹＝4
獅子＝5	處女＝6	天秤＝7	天蠍＝8
射手＝9	魔羯＝1	水瓶＝2	雙魚＝3

當您了解數字能量代表的意義時，您會發現很多不謀而合的恰巧。彷彿這一切早已事先安排好，這就是天地之間的奧妙，卻也是大自然力量的軌跡。

血型呢？其實也有：

A ＝ 1

B ＝ 2

AB ＝ 3

O ＝ 6

當然，更細微之處，只有在課程中才能用言語與肢體詳述。

✲ 牡羊座與數字 1

牡羊座又稱白羊座，是個美麗的星座，不論男女都堪稱亮眼。黃道 12 宮的第一宮即是牡羊，因此數字能量擁有 1 的特質。既然是羊，就要當領頭羊，於是喜歡衝在前面，這是美麗的牡羊座共通的性格。

然而牡羊有雙重特質，一是綿羊，一是火羊。當情緒美好還可以控制的時候，恰似綿羊般溫馴；一旦發起火來，就會成為火羊，燒掉自己全身的毛，後悔時也只能自己舔舐著傷口，等待毛再長出來，於是牡羊是很容易在衝動後受傷的一群。

牡羊切忌虎頭蛇尾，後座力、持續力是一生都要謹記在心的功課。目標一旦設定，請靈活的前進，不到目的地絕不鬆懈。

✵ 金牛座與數字 2

金牛座顧名思義，愛金，愛鑽牛角尖。數字上的能量是 2，因此表達欲、指揮欲強烈，並且重複的話語很難終止。今年講的明年再講沒什麼了不起，60 年前講的，今天還在講很正常。牛脾氣，平時動作遲緩，火爆起來就是鬥牛。

金牛可以是水牛，可以是野牛，但就不能當黃牛，嚴守承諾、謹言慎行，是愛護自己的最重要守則。

金牛座對金錢的味道敏銳，因為 2 數字的特質，於是反覆與矛盾也是困擾，但 2 是和諧溝通表達的能力，可說是成也在口，敗也在口。

✵ 雙子座與數字 3

雙子座與雙魚都是 3 的能量，只是依舊不一樣。因為雙子活在空氣裡，雙魚活在水裡，敏感度截然不同。

雙子雙腦袋，所以腦子變化快，創意十足。但是因為太快，所以常常想到第三項計畫時，第一項可能都還沒開始執行。

因此雙子最重要的功課就是要放慢腦袋，加快腳步，才能重拾口袋。避免將創意的本能變成善變，否則得不償失。

AB 血型的雙子座 3 的能量太強大，因此除了善變靈活外，也要注意精神上的問題。

☀ 巨蟹座與數字 4

巨蟹座很多人共同的印象就是很宅，很固執，很顧家。其實因為他們橫著走，蟹螯又大，容易遮住自己的視線，行動上並不是那麼便利，所以懶得出門。

4 的特質讓他們做事情很有規畫與規矩，不喜歡太大的變動，因為這樣會造成沒有安全感。

所以巨蟹座的功課就是要增加一點 3 的能量，產生一點赤子之心。也要提升 5 的勇氣，改變自己看看外邊的世界。

☀ 獅子座與數字 5

看看非洲草原的動物奇觀，很容易就清楚了獅子座的特質。獅子並非勤奮的動物，雄性重在戰鬥，覓食主體為雌性，雖為群聚動物，但團結並不如狼群，包含鬣狗。

數字 5 的勇氣與爆發力是基本特質，不然就不足以稱為獅子了。獅子很少窮追不捨，而是狩獵的狠勁快又準。可以接受失敗，大吼一聲，再尋找下一個獵物，這就是獅子。

獅子對於獵物沒有設限，弱小的沒挑戰性，比較不會引起牠們的熱情。然而高大威武的卻也經常是他們挑戰的對象，包含長頸鹿、河馬、野牛，在刺激中找到快感。

✹ 處女座與數字 6

處女座是最愛家人的代表，對自己人的呵護無庸置疑。就是 6 這個數字的最佳典範，影響力不在話下，最缺的卻是療癒力。因為常常把愛奉上，傷留給了自己。

既然是處女座，男生在尚未圓融成熟之前，通常會把自己的個性綁住，因為那是處女的魂魄卻是男兒身。成熟之後，這樣的困窘反而會變成優勢。

處女座如果是自己人，那麼你將會有一種「你辦事我放心」的感覺，因為他們對自己的要求將會遠遠超過你所要求。

✹ 天秤座與數字 7

天秤座是人際關係最好的星座，但卻也凡事講求內心真正的平衡。卻偏偏容易失衡，因為一個秤砣在心中，另一個秤砣在天邊，風輕輕一吹已動搖。

天秤是 7 的代表，為何會一直分析，就是為了那一股內心的平衡。

☀ 天蠍座與數字 8

天蠍座被汙名化太久了，都說天蠍狠毒。其實天蠍早已擺明的告訴你別惹我，而且喜怒哀樂形於色，根本不會矯情的裝模作樣，所以算是很容易明白理解的星座。不用猜猜看，不必躲貓貓。

天蠍座的能量是 8，執行力很務實，說做就做，說翻臉也就翻臉了，所以是敢愛敢恨的一群。

☀ 射手座與數字 9

射手座是人頭馬，射出去的箭經常會再射回給自己，於是講話講出去，也很容易讓自己反而很受傷。

射手座通常口才一流，也很博愛，關心的事很多元，這與他們 9 的能量不謀而合，謹言慎行也是射手座特別必須注意的功課。

☀ 摩羯座與數字 10/1

摩羯座又稱山羊座，這樣的山羊很特別，可以飛簷走壁，因此也可稱岩羊。然而他們卻把自己大部分的時間藏在水裡，因為他們都是「羊頭魚身」，於是他們比一般人冷靜，也比較冷酷。

數字能量是 10/1，於是一旦站上山巔，就如同在 101 高樓，才能找到他們自我的優越感。

✵ 水瓶座與數字 11/2

水瓶座是水還是瓶？大多數的人會說瓶，其實是水，而且是淚水，於是擁有些許陰鬱的特質。

水瓶座可隨遇而安，因為將自己裝在什麼瓶子都可以，變化無窮，如同藝術家。最大的問題不在瓶頸而是瓶蓋，當打開思維的蓋子後，一切也才能夠改變。

11/2 的能量，讓水瓶座都有 2 號人的特質，內外皆獨立卻想依賴的人，於是拿著自己無法改變的答案，問著自己設計的問題，然後給自己矛盾，這就是水瓶的盲點。

✵ 雙魚座與數字 12/3

雙魚有雙心臟，愛情就是他們的水，活在水裡，敏感度超高，因此很容易心煩意亂，憂鬱而情傷。

雙魚如果又是 AB 型，那麼憂鬱症的機率非常高。

12/3 的能量特質，就知道他們是外在獨立、內在依賴，卻充滿創意的靈魂。也明白他們外在希望如男人般帥氣，內在有如女人般和諧，卻終生追求如孩子般的禮遇。

☀ 大連線 123 的力量

單一數字各有其力量，一組數字有其另一種整體的力量，所以123 連線不是 1+2+3 的力量，而是 123 連線所獨特代表的力量，只是涵蓋了其中的元素。

123 有人稱「**領導線**」，因為這是團隊的整合，1 是男人，2 是女人，3 是孩子，如同一個家庭，所以擁有這條線就具備領導力。

123 也稱為「**藝術線**」，因為團隊的整合本來就是藝術，擁有這條線比較有藝術氣息與美感。因為有 1 的思考力，有 2 的視覺平衡感、協調度，有 3 的創意構思。

全有叫顯性連線，全沒有叫隱性連線。當 123 成為全沒有的隱性連線時，那將引爆強大的背後領導力、幕後的黑手，運籌帷幄的軍師，只是在 21 世紀、22 世紀、23 世紀將不會見到這樣的人。

☀ 大連線 456 的力量

456 這條線，很少人顯性，因為這條線是身心靈健全的一條線，於是可以稱為「健康線」，健康是一種平衡，因此也可以稱為「平衡線」。擁有這條線，腦袋的組織架構特別好，因此也稱「**完美組織線**」。

所以，擁有這條線，身心靈原則上都會很个錯，對於身心健康很重要。然而缺 4、缺 5、缺 6 的人比比皆是，一次缺兩種的人也一堆。456 全缺的人也經常遇到，於是身心靈失衡是這個世代最容易發生的問題。

456 全缺，身心靈必然有很大的問題，但這產生的隱性連線，卻也是造成吹毛求疵的主要原因。

✹ 大連線 789 的力量

人人都希望當需要幫助時都有貴人出現，而這貴人的出現，其實跟你過去是否幫過別人有關，這是很簡單的因果概念。沒當過別人的貴人，何來需要時的貴人？

7 是幸運，8 是執行力，9 是奉獻，789 連線就是「**貴人線**」。這條線非常重要，有這條線很多事都能輕鬆完成，因為助力很多。然而也有另一個名字，那就是「懶人線」，不難理解的就是當什麼事都被做好了，又產生了依賴感與習慣，那麼變成懶人就是很自然的事。雖說藉力使力不費力，但若永遠不自己出點力，那麼就會成為廢人了。

789 若是隱性連線，那麼暗中貴人也會很多，而且不是經常有，卻是在關鍵時刻都會出現。若套用紫微斗數的說法來看，789 顯性的就是「天魁」，789 隱性的就是「天鉞」。

✹ 大連線 147 的力量

1 是思考，4 是規矩，7 是幸運，而 147 連線卻是有福報的一條線，稱為「**物質充裕線**」，就是財富的出現常常如同天上掉下來，其實是過去累積的福報而來，因此又稱為「**偏財線**」。

當然，人心不足蛇吞象，太容易的幸運之財，也會養成貪婪的習性，因此也稱「貪財線」。

當這條連線是隱性時，那麼財即使經常拮据，有時也可能天外飛來一筆。這就是「不鳴則已，一鳴驚人」的狀態。

✵ 大連線 258 的力量

2 是表達，5 是勇氣，8 是執行，因此 258 連線是勇往直前的「**熱情線**」，這是做生意、做業務的人不可或缺的線，有這條線就能擁有那種「有努力就有收穫」的狀態。因為 8 是財，5 是庫，金錢觀的數字概念，以及能不能把賺到的錢存下來，這條線舉足輕重。

如果沒有 8，談生意經常只憑感覺，不計成本，感情用事。如果沒有 5，請將賺的錢盡量放在不動產，否則戶頭經常會是空蕩的景象。如果沒有 2，談錢都會顯得不好意思，那就很難為錢而熱情。

258 隱性連線，就是悶騷。其實熱情的要命，卻顯得扭捏。258 也是財線，發的是「正財」，奔動中得財。

✵ 大連線 369 的力量

3 是創意，6 是影響力，9 是奉獻，在創意與奉獻之中產生影響力，你說這樣的人是不是很有智慧。因此 369 就是「**智慧線**」，發的財也是「智慧財」。

369 有沒有跟會不會讀書關係挺大，所以我也稱為「**文昌線**」，

這條線如果在加上 123 領導線，那麼肯定不會是死讀書、讀死書的人。所以不論男女，看起來都會很有個性、很聰明。

369 若是隱性，那麼會有一種大智若愚的特性。

✳ 大連線 159 的力量

1 是思考，5 是勇氣，9 是持續，因此 159 連線是設定目標後達陣與否的重要連線，所以我們可以成為「**成功線**」，也可稱為「**事業線**」。

但因為忙碌的特質閒不下來，停下腳步反而會感到空虛，因此這條線又稱為「勞碌線」。

159 如果是隱性的，那麼將可能是默默耕耘、扮豬吃老虎的狀態。

沒有 8，又沒有 159 的人，那執行力肯定缺乏，持續力更不用說。若有其一，執行力就還有。

✳ 大連線 357 的力量

3 是創意，5 是改變，7 是分析，所以有 357 連線的人就很容易隨波逐流，隨環境對象的變化而靈活應對，因此人緣必然不差，甚至很好，讓人看了越來越喜歡，而不是虎頭蛇尾的狀態。

因此這種人際關係是越陳越香的，我們稱為「深緣線」，也可稱為「**人際關係線**」。

當 357 是隱性的時候，那種影響力不是檯面上的震撼，而是檯面下的深耕，有如地下總司令一樣，不容忽視。

☀ 小連線 24、26、48、68 力量

＊小連線 24 的力量

2 為表達，4 為規矩，24 連線時，眼明手快，見風轉舵，很會看臉色、看情勢，不會隨便輕舉妄動，因此 24 連線我們稱為「**靈活線**」。24 隱性連線也有裝孬的特質，不想惹事生非。

＊小連線 26 的力量

2 是表達，6 是影響力，於是 26 皆有而成連線的人，都很有正義感，絕對是路見不平、拔刀相助，因此我們稱為「**正義線**」。

隱藏的狀態時，就可能平常不吭聲，忍無可忍時，爆發力破表而驚人。

＊小連線 48 的力量

4 是規矩，8 是金錢觀與執行力，當 48 連線，那麼看錢辦事就是特質，因此我們稱為「**認真線**」。當 48 為隱性，那麼就完全憑感覺做事了，錢完全不是重點，心情爽最重要。

＊小連線 68 的力量

6 是影響力，8 是執行力，當 68 皆有時，就會產生不想說謊的誠實態度，我們稱為「**誠實線**」。當 68 為隱性時，寶寶不是不說，只是懶得說，一說肯定驚天動地的說。

⭐ 另類連線 276、438、492、816 的力量

洛書上的數字可簡化如下：

4　9　2

3　5　7

8　1　6

我們很容易看出來，有 4 條生命靈數能量盤的大連線：

1　2　3

4　5　6

7　8　9

共通的就是 159、258、357、456

然而也有幾條連線是生命靈數盤沒有的，但卻有其很重要的意涵。若以方位來看，我們很容易找到前朱雀、後玄武、左青龍、右白虎所個別代表的線。

前朱雀 492：

「開門見喜」的祕密就是有規矩的奉獻，喜悅的表達。

後玄武 816：

「踏實生活」的方式就是執行自己設定的目標，用愛前進。

左青龍 438：

「揮灑長才」的模式就是規矩中不失創意，確實執行。

右白虎 276：

「創造財富」的根基就是和諧表達，精闢分析，產生影響力。

Part II
實例見證篇

翻轉命運的力量
不只是那戰戰兢兢的小心翼翼
更是那每一個轉捩點的精準決定

林儷

處女座 A 型 1 號人

❀ 我的 1 － 9

一切發生都有其軌跡

只是你是否細心留意

生命靈數的接觸已經將近 20 年了，除了自我檢視自己的特質與能量狀態，我更會將我所發生的一切做一個詳實的記錄，以供自己參考以及日後的決策判斷。

1972 年 9 月 18 日 A 型處女座，典型的 37/10/1，外在永不老的 3，內在恆思考的 7，永遠把自己當男人看待。出生當年的流年就是 1，必須成為中流砥柱的 1 號人。長女的我，幾乎在很多日子裡把自己當長子在看待。

漂亮的 123 藝術線，讓我在美業這塊領域裡遊刃有餘。飽滿的 789 貴人線，也讓我在人生的任何時候都有臨門一腳的貴人相助。456 全缺的隱性連線，加上處女座 A 型的推波助瀾，完美主義的吹毛求疵，全然命中。

1995 年進入佳麗寶專櫃第 123 期，當時流年走 5，憑藉著亮麗的外表，開始衝刺著我的人生，過程中因為發現美的關鍵在於內在，於是在流年走 6 的時候，帶著使命感轉而走向身心靈健康的美容沙龍。

1996 年流年走 7，快速的尋找店面、裝修以及合作廠商，用了

半個月的時間，幸運而順暢的我開店了。

1997 年流年走 8，為了拓展店務及對顧客的服務，增添設備有著大筆錢財的出入。

2000 年在生命的低潮時遇貴人，啟動了征戰四方雲遊講課的歲月，流年正走 1。

2008 年結束了 9 有合作、有創新、有規畫、有衝刺，也有疲憊，大江南北、東奔西跑的燦爛生涯，當時流年走 9。

2009 年又到了流年走 1 的一年，因緣際會被闊別多年的老長官邀請進入荘陽生物科技集團，而那老長官就是許宏師父，就這樣我又開創了我的新局進入公司，第一波就以瞬間活絡磁波回春術，震撼美容界，讓能量美容不再只是口號。

2011 年初流年走 3，我再度發揮創意，推出太鼓芳療推拿術，讓芳香療法與經絡推拿激起前所未見的火花，也再一次的帶動了芳療養生的浪潮。

2013 年初流年走 6，基於責任與使命，推廣虹膜密碼觀測，讓虹膜觀照分析不再只是看看而已，真正為國人健康盡一份心力。

2014 年流年 6 接 7，在責任與天意的驅使下，擴建精油工廠。

2015 年流年 7 接 8，8 月 28 日靈氣逼人，正式成立言武門。

2017 年流年 9 接 1，依循著過去的經驗，確實有著上下不安的浮動，深怕在 9 的時候是否又將結束了什麼。感恩老天的垂憐與貴人相挺的幫助，沉潛的再度過了難關，展開另一波的學習之旅，並且在許宏師父的安排下，成為了本書的作者之一。

有更多的故事與精準的時間對應都在我的腦海裡，這是生命靈數流年的無法逃避，在多年的歷程裡，細膩的看到了軌跡。

生命靈數的數字與《易經》所述沒有偏離，並且完全吻合。我們從2500年前畢達哥拉斯老師所提出的論述中可以合理懷疑，「畢老師」應該接觸過《易經》。只是歷史終究是歷史，重點是我們必須懂得運用，而非考古驗證。

世間一切源自於「易」，易有三義：簡易、變易、不易。

任何事務皆有跡可循，是為「簡易」，

無時無刻都無常變化，則為「變易」，

萬物皆變中仍有不變，即是「不易」。

生命靈數的學習是一種簡易，生命靈數的流年與能量盤是變易，「畢老師」所言數字不會莫名其妙的出現在你的生命裡，那就是不易。

✽ 答案

疑問，不困惑

傷感，無怨懟

在搖籃與一抔黃土間

完成一道又一道的習題

精彩人生

豐富旅程

看我現在的樣子，看我教課的狀態，誰也難以想像，在學齡階

段的我是一個看不下書的女孩。卻在一個生命轉折點，我群覽古書，鑽研典籍，通透了時下讀書人最不願意碰觸的玄妙，就只因兩個字：「**答案**」。

在自己開設美容美體沙龍的階段，在那年代的臺灣，學習還不是那麼的被動，還不是那麼的缺而不補，於是很多的課程都會有廠商邀約參與。就在一次皮膚生理學的課程中，授課講師說了一句：「透過虹膜可以知道身體的所有問題，包含皮膚。」雖然課程中並沒有闡述虹膜的種種細節，卻深深影響了我，於是我開始尋找著答案。

為了找答案，我開始翻閱虹膜檢測的相關典籍，在反覆對應的結果中，我為之著迷，也發現了中醫所述的人體反射區，自此與中醫結下了深度的緣分，更深入探究相關的中醫古籍，當然包含了《黃帝內經》的《素問》、《靈樞》。

越鑽研之後，追本溯源又明白了中醫乃中國文化的五術「山、醫、命、相、卜」之一，而五者密不可分，所有的論述不離陰陽，不脫易理。從那刻起，《易經》的研究已經是我生活的一部分，總有一種越看越興奮、停不下來的奇妙現象。

太多的現代閒書，我看不下去；太多的時尚論述，我懶得理會。然而除了中文、英文、日文以外，過去學校的教科書我只對地球科學類的知識有興趣，其餘的不是放棄，而是忽略。這是在 29 歲以前的學習狀態，於是有了讀前世書一說，對於古文的種種如數家珍，觸類旁通。

我很感激父母的培養，讓我知書達禮，也因為父母在從小言談之中總會闡述各種歷史典故，因此強化了我在這方面的敏銳度，

原來爸爸從小告訴我：「人大約可以分成四個 25 歲，第一個，要努力學習，第二個，要勇敢衝刺，第三個，要享受成果，第四個，要休養生息。」就如同一年四季的春耕、夏耘、秋收、冬藏。媽媽在教我洗碗的時候也說：「洗碗就像做人處事一樣，不能只洗表面，背面、碗緣都要洗乾淨，還要注意安全，別被破碗裂痕給割傷了。」也與易經卦象一般，看卦不能單憑一個卦象而已，還有錯卦、綜卦、互卦的不同面相，並且須注意其細節。

當然，我也深刻明白，興趣緣起於習性，習性淵源於靈魂的慣性。在答案的追尋中異常雀躍，那是因為我知道答案之中還有答案。在不斷的學習與靜心覺知的過程裡，才懂了「**你所找到的答案，並不會是最終的答案**」。

❀ 眼睛

凝望

無法橫渡海洋

積極的人生

不能憑空想像

夢，不在遠方

在你行動的去向

眼睛是靈魂之窗，我卻在童幼時嚴重受傷，一把剪刀直直射入

我的左眼，百般曲折中救了回來，但是依舊屬於單眼瞎的狀態。在外婆痛徹心扉的虔誠祈求下，關聖帝君「關老爺」出現在我面前，威猛而慈藹，用其右手，眼前一抹再賜光明。在那年紀如此小的時候，我怎知誰是誰，後來方明白，原來在外婆誠意動天的奮鬥中，感動了永遠的戰神武聖前來解危。這不是神話故事，而是我無法編撰的真實情節。

人說舉頭三尺有神明，那是我年幼無知時已然體驗的神蹟，於是對於所謂的玄學，我視為自然科學。對於所謂的敬鬼神而遠之，我卻身歷其境而感恩之。

眼睛所見為之震撼，心靈所感更是景仰。震撼於宇宙無垠的浩瀚，景仰於前人智慧的遠瞻。於是緣起於眼睛的一切，我琢磨甚深，虹膜的檢測與解析當然也不敢懈怠。在找尋答案的過程中，我震撼的發現了世間一切的聯結性。虹膜不單透澈了人體所有的狀態，甚至也與時間產生了關聯，在過去、現在、未來中，這一切是完全無法切割的緊密。

沒有任何一個數字會莫名其妙的出現在你的生命裡。

這世間沒有意外，只有你的不在意，才有意料之外。

那我更必須說，這世界你所見的都是必然，而你的視而不見，你的視為理所當然，都將是可以預見的軌跡。

沉靜之中，才能預見。

學習之後，方懂遇見。

學習言武門的生命靈數、紫微斗數、空間風水學，那是明白時間與空間的極致運用。

學習言武門的虹膜課程，那是用你的眼看見你眼裡的世界，給

那身心靈一個真正的穿越。

運用植物精油的靈性，那是補強智慧恆久以來的空缺，在物質與能量的交替中將萬事萬物的極致發揮。

> 從你自己的眼睛發現你自己
>
> 懂得自己
>
> 認清自己
>
> 欣賞自己
>
> 坦承自己的並不完美
>
> 啟動自己的才華天賦
>
> 做自己、愛自己
>
> 我的成功方程式

❀ 美

> 美是可以裝扮的
>
> 內在卻假不了
>
> 別讓人
>
> 近看不如遠看
>
> 遠看不如猛一看

123 連線是藝術線，是審美觀。

當 1 較多時，那是自己覺得美才是美。

當 2 較多時，那是一種色彩平衡的美。

當 3 凸顯時，那就是創意展現的多元之美。

456 都有時，是難能可貴的身心靈之美，

當 456 全缺時，那就是從裡到外近乎苛求的完美。

789 都有時，是貴人相助的圓滿之美，

當 789 全缺時，那就是默默協助暗中幫助不求回報的關愛之美。

147 是偏財與福報之美，

258 是熱情表達之美，

369 是智慧展開之美。

357 連線是人與人最看得順眼的緣分之美，

159 是有頭有尾奮鬥不懈的堅持之美。

123、456、789 是橫向的流線美，

147、258、369 是縱向的力與美，

357、159 是交錯的角度之美，

然而八條線所展現的美，盡是沒有執行力就看不出來的美。

美，不能是突兀的展現，所以我不曾濃妝豔抹。

美，不能是失衡的內外，所以我要求身心靈平衡。

　　在專櫃時期，彩妝是每天工作前必然需要的，在工作崗位上，經常有顧客會詢問我：「小姐，你的眼影、口紅是什麼顏色？」這樣的對話，幾乎是天天上演，並且一天上演許多回。於是我知道了，如果我要特別銷售哪一款，找就要在自己臉上先使用。果然沒錯，不論我使用什麼顏色，當天銷售的也大都會是那個款式。但後來我發現，並不是每一個人都適合每一種色彩，更注意到每個人臉上的妝彩一個比一個厚，為的是遮掩掉臉上的斑斑點點、

膚色不均、痘痘疤痕等等。我恍然大悟，終於明白，美，不該是把臉部當調色盤，更不該是一層又一層的往上遮蓋，於是我帶著使命感，從彩妝的專櫃轉為由內而外的美容沙龍。

在美業深耕的 20 多年，從皮膚自然呈現的光澤，再深度前進臟腑平衡後的韻味。從只有軀體律動的誘惑，更召回靈魂存在的滿足與感動。

不可諱言，對於美，我有著不必矯情造作的天然，有著事實勝於雄辯的獨特見解。

依循古法的真

憑藉內在的善

追尋自然的美

我或許不是聰明的女人，處事上也不一定擁有智慧，做的每一件事亦未必完美，但我絕對是最認真的女人。

從古至今、從東到西、從裡到外，那是可以高下立判的真知灼見。

美，不該只是你所看見，更該是閉眼也難不心動的無法忽略。

一朵美麗的鮮花，必然有香氣，

一位高雅的女士，必定有著獨特的氣息，

不論香味或是氣息，

都是自然呈現的，

也絕對是在生命活躍時所綻放的。

身體健康

心神愉悅

靈糧飽滿

身心靈的平衡狀態

才得以美得「活色生香」

✿ 在乎與感謝

走過必留足跡

雨落定起漣漪

回憶……

珍惜……

擁有 789 連線的我，生命中持續有著許多貴人的幫忙與協助，讓我在人生的各個階段平安度過，學生時期的同學、好朋友，踏入美容界的老師，還有許許多多在我身邊的好朋友，我無法一一列出，但在我心中一直不斷的感激著，感恩有你們一路的陪伴與支持。

在我人生的第一個低潮時期，幸運的我進入了一個跨國企業。在剛進入公司不久，孩子生病了，為了照顧需要住院的孩子，我必須請假，一個新人才剛進入公司就必須請個三、五天的假，對於公司來說，無非是個麻煩。雖然我的心裡也很是過意不去，但我無法思考那麼多，畢竟孩子才是最重要的。

在孩子住院時，我的內心非常擔憂，擔憂的除了是孩子的身體之外，更煩惱的是，當時我因為重新出發，身上的存款其實已經

所剩無幾。就在那個時候，我接到了一通電話，是公司會計打來的，說他已經在永和耕莘醫院的門口了。當時是晚上八點左右的時間，他帶著剛剛幫我孩子辦好的健保手冊，手冊裡還夾著 5000 元，說是總裁要我好好安心照顧孩子，不用擔心。

當時的我內心感動、感激涕零，我這樣的一個新人，尚且還未對公司有任何貢獻，就讓老闆如此的對待，這份恩情我永遠銘記於心，陳總裁，大目仔謝謝您！

結束了大江南北的東奔西跑，想讓自己平靜下來，只求安逸沒有野心，但生活總是必須繼續，我又幸運的被闊別多年的長官網羅進入了化妝品公司——法拉儷國際有限公司。許總跟我說，我臺北沒有主管，來公司幫我，當時的我是非常惶恐的，因為我很清楚許總是什麼樣的人。

他是化學碩士，美容相關的專業對他來說是小菜一疊，文采更是驚為天人，信手拈來就是一篇篇動人的文章，身邊更不缺乏能人異士，個個都是業界高手中的高手。而我，我能做什麼呢？我跟許總說，我只會講課，只會做臉做身體，只會一些經營上的小撇步而已耶！許總說：「我就是要你會的小撇步，來就對了。」於是我進入了法拉儷。

在公司裡，許總讓我盡情的發揮，不論是在產品的研發，還是療程的設計，包含課程的規畫，一一的讓我展現我的所長。在這，我又找回了多年失去的自信，原來我林儷，不是只會講課、做臉做身體而已，我們還擴建了精油工廠，創立了言武門，林儷會的真的不少。

2009 年至今，許總對我的照顧如同家人般無微不至，在我頸椎

受傷住院時、在我遇事慌張時、在我傷感落淚時、在我許許多多不知所措時，給了我莫大的心靈依靠，讓我倍感溫暖，許宏師父，感謝您！

親親而仁民，仁民而愛物，父母與孩子是我最在乎的。夫妻之間難免意見不合，從小到大，雖然看著爸媽常常會吵架，但不論如何，媽媽凡事總是尊重爸爸，爸爸總是疼愛著媽媽，媽媽說：「爸爸是家裡的一片天。」爸爸說：「媽媽是一個家的凝聚力量。」

我感恩，感恩能生長在這麼溫暖的家庭中，家是避風港，我深深感受著，在我人生遇挫的低潮時，爸媽陪伴我、協助我，讓我可以無後顧之憂的勇往直前。

在這當中，我慶幸我的孩子並沒有因為單親而走偏，我從不要求孩子要多優秀，只求孩子一生平安健康順遂。孩子在很小的時候就會使用電腦，為的是與在海外的我用 SKYPE 線上交談，當時的我，經常是因為在外思念孩子而獨自拭淚，如今孩子都已成人，也各自努力的為自己的人生打拚著，感恩上蒼給了我這麼乖、這麼棒的兩個漂亮寶貝。

爸媽，孩子們，你們是我承先啟後的永恆至愛，無可取代。

張凱鈞

巨蟹座 O 型 2 號人

✤ 同卵雙生

我是妹妹，只因為我慢了半拍才被抓了出來。在接觸空氣的瞬間，姊姊先哭了，然後我就跟著唱和了。

在 1992 年 7 月 1 日這天，兩個 O 型的巨蟹女孩一起來到了羅東這個小鎮。截然不同的個性，走著完全逆向的行徑，卻也剛好在生命數字 29/11/2 的搖擺中，區隔了鮮明。同一個卵子，兩個生命共同決定。

張登結綵凱旋歸

雯雨聚財鈞帶金

我們多麼希望，這個空間、這個家庭，能因為我們的參與而更加和諧與興旺。似乎與生俱來的本能，我們知道這裡的氛圍需要我們帶來溫暖。

父親是木材行的工人，卻在工作中發生了意外，截肢了一手，連夜 15 個小時的手術，全身是血泊的畫面，難以忘記。如同左輔右弼少其一，生命路途更艱辛。

媽媽有一天作夢，夢到一隻豬被火車撞死，夢裡淚崩不止，原來在鐵路局工作的爺爺生肖屬豬，那個夢不是假的，而是真的。愁雲慘霧中，媽媽卻要撐起一個家，還得帶大兄姊與我賣雞排、賣豆花。而我能做的就是騎腳踏車載姊姊去找媽媽，挨著路燈下寫功課的日子。

詩詞、書法、表演是我的興趣，三個 2 的特質愛表達，從小一覽無遺，在團體活動中更能感受人的氣息，不只是興趣，更是填補那說不出口的空虛。

唸了護專，姊姊選護理，我卻是美容，因為我害怕血腥的聚集。畢業後，我們離開了故鄉，前往繁華的臺北，雖然臺北不是我的家，我的家也沒有太多霓虹燈，但那卻是開啟我閃耀新生活的根據地。畢竟沒有人喜歡永遠在殘留憤怒哀怨的悲情城市中沉悶呼吸，雖然那是我永遠割捨不下的愛之園地。

師父說，我有一張如同周杰倫的臉，神韻氣息才華不亞於他，何況咬字比他更清晰。

是的，我已經開始找到了自己的舞臺，在專業服務的行銷中，那種懇切的分析，無非就是客人信賴的依據。

我很真，很優柔寡斷，卻完全不喜歡占便宜，因為我不喜歡接受，而熱愛給予，那是 3 個 9 的大愛天性使然。沒有 4，沒有 5，沒有 8，不是錢不重要，而是感覺與價值意義更重要。

456 全缺，確實沒有安全感，沒有勇氣，很需要療癒，卻有著對目標堅持的潔癖。

愛不是欲，所以不是「我愛你，你也應該愛我」的平衡關係。無欲之愛，方能無傷害。

> 我真愛你，不期待感激，而是盼望你也能壯大自己，
> 幫助你能幫助的人，甚至萬物，這種幫助就是愛的延續。
> 不必理由，不談道理，只有願意，這世界必然更美麗。
> 愛，不是反饋的回禮，而是盡己所能隨喜而傳的點點滴滴。
> 同卵雙生，不是永遠膩在一起，而是心念不曾分離。

❀ 我是凱鈞，更是將軍

同卵雙生，陰中有陽，陽中有陰，在陰陽平衡的原理下，姊姊多了點柔媚，我多了點陽剛，恰巧人如其名，姊雯，妹鈞。

一將功成萬骨枯，因此我不想永遠都當小兵小卒。雖說小兵也可立大功，但我更期望自己能夠是左右全域的將軍，於是我聚氣，我練功，練那無法忽略的大將之風。

到了臺北，我進入連鎖美容系統佐登妮絲，一待就是 4 年半，在這樣的過程，我從只會做事的工匠，變成了行銷於無形的銷售高手，得到全省銷售競賽第一屆的第一名，果然凱旋勝利得冠軍。

因為有說有機會，沒說沒延續，不想當死做的工人，所以練習活說當商人。操作療程做到肚子疼，卻又上大廁無功而返，確認是身子出問題，因為客人所有廢氣病氣都會順勢上身，順水傷身。

我開始向主管學習銷售，開始增加了收入，練就了數字邏輯，明白了價格與價值的差異，得到了客人的信任與感謝。

我很感謝這些日子的磨練，雖然不免職業傷害，卻也累積了不少能力與成就感。但日子久了，也又沒有挑戰的刺激性。

巧合之中，我參加了前同事顏嘉萱所舉辦的聯誼活動，驚豔一位過去口才黯淡的夥伴，竟然可以舌燦蓮花、辯才無礙的主持大型的聯誼活動，我不是激動，而是感動。

於是我又參加了嘉萱所精彩綻放的三重健言社，看到她那如貓變虎的蛻然，我著實震撼，而今她已是社長了。

深思數夜，我辭掉了佐登妮絲的工作，正式與嘉萱合作，在「完美瑄婠」系統裡共興共榮。接著我又參加了「言武門」一系列的

訓練，包含講師訓、文字班、生命靈數、紫微斗數，我突然眼界大開，原來這就是我夢寐以求的能力大躍進。

這一切果然都是在我流年走 9 的 2017 年正式發生，結束了舊時代的自己，迎接新時代的誕生。我開始正式揮舞著大旗，在講臺上揮灑我的表演欲，那是一種難以置信的興奮感，那是一種前所未有的快樂奔騰。

我越來越喜歡我自己，也越來越肯定我自己。雖然我還沒有什麼豐功偉業，但我如七殺衝陷地、攻城掠池不心虛。明年要走 1 了，我當然明白更需要全新的學習，而我也因為這本書一躍而成為了作家。作家耶！不曾想過，卻已發生，就是奇蹟，豈能不感激。

2018 年我也要接任三重健言社社長，我給自己期許，絕不虛晃一局，而是盡全力，亮麗出擊。

　　錢，是為金而見兵戎。

　　賤，是為貝而動干戈。

　　財，是因才華而衍生貝。

　　不難理解，男左女右，

　　錢與賤是同母異父，

　　賤與財是同父異母。

　　孕育你思維的母親就是腦袋，

　　你的方向總是你念之所及。

　　干戈兵戎，起心初衷不同，結局也大異其趣。

　　原來層次上高低，只在心念。

　　我是凱鈞，我是如假包換的新時代女性，

　　更是笑傲江湖的大將軍。

❀ 主持人

在舞臺上的練習與展現已經有一段時間了，在一點一滴的累積中，我從不知所云，變成如今已經可以獨當一面。從擔任講師到可以掌握全場，從扮演主持人角色的那一刻，我開始欣賞起我自己。

2017 年我在異中求同，就是在優秀的先進中尋找自己可以跟他們一樣的地方。

2018 年我在同中求異，就是在而今已經都很優秀的夥伴中打造自己的不一樣，不是為了標新立異，而是希望自己能更超越自己。

說話不難，上臺說話難。上臺不難，說得流暢很難。說得流暢不難，要說得能有煽動力很難。要讓人哭就哭，要讓人笑就笑，要激昂有激昂，要感動有感動。這就是我持續在練習的方向，**表達力三部曲：1. 勇氣，2. 流暢，3. 感動。**

還記得師父說：**「只要我是講師，主持人再爛都沒關係。只要我是主持人，講師全軍覆沒都無所謂。」**這是多麼豪氣干雲的一句話，意思就是要能隨機應變，掌控全場，凝住現場的那股氣息，牽引著每個人的心跳，共振每一位參與者的思緒。這就是講師的最高境界，在那狀態，講師就是主持人，主持人就是講師。

主持人是會場的靈魂，這是一種不得不練習的修行。那不是譁眾取寵的熱鬧炒作，而是信手拈來的唾手可得。不是躁進，而是在日常生活中吸收資訊與知識外的深刻體悟與用心。我正積極向上，時時刻刻練習當中。

在美容相關產業的奮鬥，這是我持續前進的不歸路。在舞臺呈

現的每一個環節，那是我無法停下的腳步，因為我熱愛這一切，
所以不是沒退路，而是我正開拓著我夢寐以求的江山，勇敢的橫
掃眼前的荒蕪。

　　在三重健言社的現場實操，我見識到了我進步的空間。在美麗
傳奇講堂，我揮灑著我天馬行空的思維，越練越有感覺。掌握了
節奏感，拿捏了穩定性。從粗曠到細微，從面對面到隔空打牛的
影響力，我已經從我試試成就了事實。

　　你以為你很認真，但是都沒有成果。

　　只因為，瞎忙。方向錯，方法錯，一切都錯。

　　努力一定會成功，這句話害慘了很多人。

　　成功一定要努力，這句話誤導了更多人。

　　在方向與方法還沒正確之前，努力是毫無意義的事。

　　但方向與方法無疑之後，奮鬥與堅持卻是不可或缺的元素。

　　「努力」這詞不好，那是盲目的血汗，是奴役自己的盲從。於
是我選擇在接受正確的訓練之後，全速前進。

　　在各種會場，我可以是聽眾，可以是講師，也可以是主持人，
但我絕對不浪費而路過。

　　在實際生活，我可以是學生，可以是老師，也可以是掌控未來
的革命先驅。

　　我的人生，我自己掌舵。

　　我的靈魂，我自己主持，絕不錯過。

張凱雯

巨蟹座 O 型 2 號人

❀ 心電感應

所有人對雙胞胎都很好奇，常常會問：「你們有心電感應嗎？」

這樣的問題，我想所有的雙胞胎應該都被問到懶得回答了吧！而藉由這次書籍的出版，我很認真的向大家報告：「**我們沒有心電感應，我們是心心相印。**」

我喜歡的，妹妹不一定喜歡，例如我曾經交往的男朋友。妹妹積極的，我很可能冷處理。但那關鍵時刻，我們肯定一鼻孔出氣，因為我們流著幾乎一模一樣的血液，也有著幾乎完全相同的細胞記憶。但我們確實有著差異，也有著不同的際遇。

妹妹興趣多元，而我沒什麼特別的興趣，我們各自打著自己的工，有著自己的朋友。其實應該這麼說，妹妹朋友很多，我卻沒什麼朋友，而是曾經荒廢了學習，交往了男朋友。

或許那是懵懂中填補了空虛，卻也在護專四年級，我決定結束這段年幼無知的戀情，重拾書本，準備考試，因為我知道再不收心，護專畢業卻沒有證照，豈不好笑。不說偉大的志向，而是我一定要給自己一個交代，不能對不起媽媽四處張羅來的補習費，更不能對不起自己這五年的青春。

還好，一畢業我就考上了證照，護士、護理師陸續拿到。這時我開始進入人生的另一個階段，就是我終於可以真正養活自己，也可以回饋家裡。

　　曾經在打工的時期，我理解賺錢的艱辛，卻也在這個時候學習了應對進退的能力，驗證了自己的情緒管理。

　　待過兩家醫院，我讓自己可以不輪班，白天上班，晚上學習，這是書到用時方恨少的決定，因為我真的不願意讓自己又在後悔的狀態中煎熬，而是善用青春年少，汲取應有的智慧養分。

　　曾經，我的世界很小很小。因為我深覺能力有限，也不願再浪費任何時間在無法成長的事情上面。

　　在一次看網路文章中發現，原來空姐與護士的差異，常常只在語言能力。

　　第一次出國到香港，我深刻感受那種冷漠的態度，是在說了什麼語言之間的大異其趣。

　　第二次出國到韓國首爾，發現英語的流暢度，加上肢體語言的誠懇處，那就能夠感受不一樣的溫度。

　　我不想只能看著龜山島，想像那仙人無數。

　　我不想只能遠眺山巒，只是讚嘆雪山隧道的穿越孤獨。

　　我不想只能待在醫院，穿梭在茫然面孔間的無助。

　　我不想只能拿著針筒，掛著點滴等待時間的流逝。

　　而是我想透過學習累積能力，墊高我的視野，前進世界每一個角落，踩踏每一寸泥土，感受那不曾見過的新鮮度。

　　是的，心態決定一切。妹妹勇敢的追逐著她的夢想，我也不願只在旁觀望鼓掌，而是我要把這個夢擴大，在那與妹妹能夠交錯重疊的地方互相輝映。因為我們沒有心電感應，卻是心心相印。

❀ 我的感激

　　這輩子，我比你早了一點點接觸空氣，你卻因此比我成熟沉穩而有擔當力。不只在心裡覺得你了不起，卻也在靈魂中真實不虛的深深感激。若問我今生最感激的人是誰，不必懷疑，就是你，張凱鈞。

　　我曾在想，為什麼我們會一起來到這裡，莫非是前世的約定。我們過去究竟是兄弟還是情侶？是父子還是母女？總之必然是剪不斷理還亂的關係。

　　一定是你遵守著承諾，為了陪伴我，為了守護我，連那投胎轉世，都捨不得讓我一人獨自漂流。

　　我習慣了你的強勢，習慣了依賴你的感覺，享受著你幫助我的呵護，這是我今生至今感受的最大幸福。這份情愫不只是親情，還有著友情，甚至還濃郁著愛情，正確來說是那無法形容的真情，我格外珍惜。

　　在家裡的重大變故發生時，你的勇敢與堅強，我終生難忘。在我茫然無助的時刻，你義無反顧。不只是因為我們是雙胞胎，而是那是穿越時空的愛。

　　我在乎外表，你重視腦袋，而今我卻也開始向你學習。2017 年我見到了你的翻騰，我不是不甘示弱，而是必須跟進。於是我也接觸了三重健言社，認識了顏嘉萱社長，見識了好多人的勇敢與才華，我再度雀躍，也想蛻變我自己。

　　我回憶著我們曾經一起對、一起錯的答案，那是有趣的抄襲，好氣又好笑。而今我在演講比賽得了冠軍，今生真正第一次不假

他人之手的第一名，我有小感動，其實很興奮。

　　我前進言武門開始學習，也在美麗傳奇講堂演說，每天看著許宏老師的文章，我似乎慢慢找到了自己。這一次我又能參與這本書的共同創作，天啊！這是多麼亮麗的奇遇。

　　想到此刻，我喜極而泣，因為我是那麼幸運擁有你。不論在未來的日子有什麼樣的安排，即使各自有各自的精彩，我必須說：「我最愛的永遠是你，最感激的也是你！」

　　　　劍拔弩張　蓄勢待發
　　　　凱歌一曲　雯聲下馬
　　　　生生世世　雷霆萬鈞
　　　　甜蜜牽掛　感恩有你

金裔
摩羯座 O 型 3 號人

✿ 愛新覺羅

逐鹿中原，改朝換代，生老病死，起承轉合，成住壞空，盡是必然。

而我的祖先在這片土地上確實曾經輝煌。從努爾哈赤開始，也歷練康熙、雍正、乾隆的燦爛。雖有末代皇帝的感傷，卻也是腐敗最後的收場。但，那將近 300 年堆疊，雖已荒塚也成山。

愛新覺羅不是歷史上的傳說，而是在我血液裡繼續跳動的脈搏。奶奶將我的父親過繼給她的姑姑，於是如此長輩的長輩卻成了我今生影響最大的源頭。輩份上是奶奶，我呼為老祖，在這條血緣上，我算是長孫女了。慈祥的老祖對我總是誇獎，這樣的教育對我很是受用，於是我很有踏實感的成長了 10 年。

時代變遷了，情勢轉換的狀態中，愛新覺羅氏各自更改成各種姓氏，而老祖也就改姓金了。老祖給我起的名為金裔，這個名字很多人看不懂，所以我常常被叫成「金那個」、「金什麼」、「金那個什麼」。其實，長大後，我慢慢明白，老祖是希望我別忘了我是皇族後裔，愛新覺羅的延續。

老祖教了我很多東西，包含唐詩三百首、長恨歌，還有更多的歷史故事。說那女子無才便是德，都是騙人的霓裳。一寸長一寸強，一分知識一分壯。

我 11 歲那年，老祖高齡 90 歲辭世，那天起我的靈魂程式彷若

中了電腦病毒，匆匆進入否定模式。因為父母的教育都是否定的，我必然也開始否定我自己。我收起了笑容，埋葬了喜悅，焚燒了優越感。老祖走了，我的世界也被推翻了。

老祖說我太乖了，這樣容易被欺負。

當我受委屈回來抱怨時，老祖竟然告訴我：「你不是吃草的羊，而是雪地裡依舊勇猛的狼！」

直到今日我才知曉，

在我收斂的皮囊裡，

掩蓋著祖先代代相傳的勇敢。

❀ 再結晶

傳說中的細胞記憶可能在我的細胞核中發酵著,於是我是個動靜皆宜的人。若說我是女人,那確實是,只是我顯得更中性一些。書籍累積的能量當然不在話下,各種體育活動我也如數家珍。然而在大學時期參加了排球隊,殺手級的關鍵角色,突然讓我再度感受被重視的感覺。

原來我並不是那麼喜歡享受孤獨,而是老祖離開後的寂寞讓我自己孤立了自己。在優秀家族中,我似乎早已被忽略,淹沒在自己與大人們同步編織的否定中。既然否定了,那麼我也就懶得再開口,連朋友都忘記了如何交往,遠離家鄉到廈門,那是另一種閉關靜索。

大學的四年,我的生命確實開始起了變化,但那不是化學變化,而是沒有質變的物理變化。

我特別喜歡結構化學,談論的是非生命物質的結構,讓我陷入了沉思。物質有其特殊的排列組合,在融化後快速冷卻的狀態經常都是粉末,如同一群人的快速熱情聚集,看似熱絡卻是假像,在熱度過後的快速冷卻中,形同散沙。

但是當融化後卻給予了時間與適當的條件,卻能夠慢慢結晶,不同的環境不同的結晶差異,甚是有趣。

畢業後,我進入商業策略諮詢公司工作,雖說不是在實驗室裡當研發人員,卻也不算不務正業的科學家,在有些人的說法中算是商業間諜。其實所有的資訊都是來自合法管道,而透過各種專業分析得到各種結果,以提供委託者的決策判斷。這樣的工作一

開始是有趣的，因為我有如川島芳子，有如 007，有如私家偵探，很電影戲劇化，也很卡通影片。

然而，再有趣也會膩，因為一幹就是十年。雖說十年寒窗，卻也沒有一舉成名，於是我深感疲憊，厭倦了這一切。

當然，我很感激這一段的磨練，因為從成本分析、行銷企畫、策略建議、教育訓練，我已全然駕輕就熟，在資深項目經理的職務中光榮退役。

因為我想多些時間陪家人，陪孩子，於是我選擇了一項新的工作。竟然吸引我的關鍵條件，就是沒底薪。

因為我的思考邏輯很特別，沒底薪最棒！因為想要多少自己賺！工作必然自由，時間必然靈活，發展絕對不會有所謂的最頂端。

離職，是我給自己重新淬鍊的機會，那是一種歸零的融化。新的挑戰並不是我一開始就很喜歡，而是我給自己一個更適當的環境與條件，再結晶我自己。

我進入保險產業，不是因為怕危險而保之，而是因為我明白人生隨時都必須面對危險，而在奮戰前進的過程中，我的槍桿子必須彈藥上膛，開保險，隨時扣扳機，命中標的。

✴ 週期表

　　讀書這件事對過去的我而言，並不是什麼快樂的事，卻也是輕而易舉的差事，只是上了大學之後我認真的思考著，我為什麼要上學，為什麼要讀書，甚至於我在想我為什麼活著。

　　一路順遂的我進入了廈門大學，雖非皇命所安排，卻也是天意所為。一群同學似乎都沒有大學生的活力，而是在鬱鬱寡歡的氛圍中累積學問的點滴。廈門廈門，理應是知識高樓大廈之門，卻有如人生道路坎坷不安的驚嚇之門。我進入了化學專業領域，除了瓶瓶罐罐的實驗操作，首先第一課就是在元素週期表中找尋規律，甚至摸索自己。

　　而我一眼望去，彷彿自己就在週期表裡，這不是矯情的自我想像，而是名正言順的相依為命。金裔，金依，金衣，銥。就在週期表的中心位置，最亮眼的貴族位置，鋨、銥、鉑、金。這一刻我似乎明白了我與大自然的關係，開始燃起了真理追求的尋根之旅。

　　Ir 銥，Iridium，原子序 77，原子量 192.22，同位素為 191、193。然而這一切的數字，在我而言就只是數字，一直到接觸言武門生命靈數，我終於明白，我的名字、我的生日與這個銥元素的緊密關係。

　　1983 年 1 月 8 日，我是 30/3 的 O 型摩羯座。在能量盤中我只有 1、3、8、9 四個數字，456 全缺，吹毛求疵的孤僻性格，沒有任何顯性的大連線。師父說這不是絕境，卻是特性，我必須在失落的蒼白中找回色彩。

銥元素在 1803 年被發現於鉑礦中，因為稀少，所以長久以來被忽略，而今我卻必須讓自己出類拔萃。

銥是銀白色的堅硬易碎金屬，於是我過去太有個性也太脆弱，亦太封閉。

銥是週期表中密度第二高的元素，僅次於鋨元素，也可見自我固執的程度。

銥的耐腐蝕性是世界第一，在攝氏 2000 度的高溫中依舊抗腐蝕，可見志向確認後，必然堅定。

銥的原子序 77，這是多麼幸運的代表，所有元素中最有靈性的數字，而我卻完全沒有。

銥雖稀少，卻存在於地心裡，更存在寰宇中，在隕石裡我們也看到了它的蹤跡。

銥的故事太漫長，就如祖先的歷史太輝煌。

金裔是老祖的寄望，銥卻是我散落一地的魂魄。

2017 年是我全新的第一年，我已找到自己，正集結浩瀚中的同位素，凝聚正氣，銥錦還鄉。

❀ 房金組合

2010 年流年走 3，我們結婚了。

果然創意之組合。

我姓金，你姓房，房金組合金滿房。

2006 年的瀋陽，

滑冰場上，威猛的速度，

劃出了一道靈魂上的快感。

軍容雄壯的解放，

心尖小花已綻放。

一米八二的胸膛，

渾厚雙臂的安全感，

我欣賞。

但我畢竟是姑娘，

不可隨喜訴衷腸。

感謝你自然靠岸，

在那渾然天成的港灣，

愛之船，燈已亮。

背景差異大，環境不一樣，

這是 3 號最愛的新鮮感。

繁文縟節無，宮廷框架無，

這樣的自由很自然，我喜歡。

我 3 號，你 5 號，果然生出 3+5 ＝ 8 的兒子。

只要你在房，陽光燦爛，瑞氣透天窗。

房子如此多嬌，豪情也萬丈。

孩子路，只給大方向，

積極，自己闖。

到老來，只盼你相伴。

你在身旁，夢想才發光。

你給勇敢，路見不平，我也敢莽撞。

這樣的幸福，我獨享。

不論你多壯，百年只有我一房。

✿ 金裝佈隊

在策略諮詢十年的歷練中，我很專業。專業到如同最新科技的機器人，幾乎廢寢忘食，只為完成使命而奮鬥努力。

2016 年我進入了保險業，這是流年走 9 的一年，因為我結束了過去的封閉，結束了自我的設限，也開始了自我的奉獻。因為保險業若沒有奉獻的心，那麼必然是無根的起點。

2017 年的表達力訓練，我開始把我的 2、6、7 補上。

2 是熱情的說話欲望與本能，11 歲之後我已沒有。

6 是感動自己也感動別人的影響力，我完全沒試過。

7 是直覺力的分析結構，我卻完全都靠腦袋。

而今我已擁有，這樣的蛻變我很感動。

生命靈數的學習磨練更是震撼，我先正視自己的缺陷，也才能彌補，更進而才能幫助他人，這一刻我已進化成幫助為出發點。不再是自沉於水底的摩羯，而是躍上山巔的岩羊，飛岩走壁不怕險，因為我已做好了萬全的規畫與保險。

紫微斗數簡直讓我崩潰，血淋淋的剖析，在一張紙上一目了然，但我堅韌面對，因為我清楚這一切的古老智慧，才能讓我的服務真正到位。

非常感激蕭悅老師的引薦，讓我能認識師父，能夠參與學習，更重要的是在這樣的過程中真正找到我自己。我不再失魂落魄，不再蒼茫未來，而是在自我沉澱、過濾雜質後，給自己一個更乾淨的沸騰，再度榮耀曾經祖傳的光榮靈魂。

但，我理解一人之力難以撐天，氣候的形成也得千軍萬馬。我

沒有野心，只有一股幫助的熱情，如同野火已燃，燒不盡。

　　我重新整理了自己，把過去的研究精神開始延續，我希望能夠凝聚各種專才，當然必須有緣，當然必須歡喜心，在那一股共襄盛舉的願力中成軍。

　　我不盼望八旗的霸氣，卻也必須是精銳再現，

　　穿上金融保障使命的戰甲，布椿安然的喜訊，

　　隊伍雄壯所經處，再無悲憐凍死骨。

　　這樣一個團隊在我的腦海已然聚集，那是心想事成的念力設定，給這個感人而踏實的隊伍一個亮麗的名號，就叫「金裝佈隊」。

　　號角已吹起，金裔歡迎你！

黃雅錡
金牛座 A 型 3 號人

❀ 遺書

這本書算是我的第二本書，是合輯。

第一本是遺書，而且是專輯。不是那一年我們追的女孩，而是那一年我很想死的日子。

1977 年 4 月 20 日我生了，金牛座 A 型，是個標準的 30/3。永遠快樂的在自己的夢境裡，卻也一次一次被驚醒。

光是 1977 年就有兩個 7，所以我有天生的分析力，也有與生俱來的幸運 147，卻總在情感上沒遇到貴人 789，並且少了 8 的金錢觀，更少了 5 的庫，也沒了 6 的自我療癒力，在人生的路上曾經長期的嚴重失衡 456。

我出生在板橋，28 歲以前都在臺北，卻在對愛情與憧憬的未來嚴重失望的狀態中離開了臺北，這是多麼心痛的堅強，卻也是另一個階段的自我流放。否定自己，已是常態。

從小敏銳於金錢的賺取以及存放的安然，卻因為愛而付之一炬，更為不忍而扛起負債，這種愛太癡呆，這種愛太愚蠢。卻也沒有被憐惜，沒有被感激，反而被踐踏。我已不是懷疑愛，而是我為何存在。

我非離開不可了，因為愛已死了，我卻忘了心疼自己，在燒光了全身的羊毛後，遍體鱗傷，還沒死，靈魂已經不在。

搖搖欲墜的頸項在金融風暴吹起的 1997、1998，我突然覺得淚

已撐不住我的累。我已開始寫書了，沒有打算出版，也沒想成為作家，更不想給無關緊要的人看，因為這本書只是交代。

睜眼想的是錢，閉眼想的也是錢，不是想揮霍，而是想償還，不願有負債，一天四份工作，若說我不夠堅強，請問還有誰比我更有承擔。

貝多芬的《月光奏鳴曲》如此激昂，如此快速，如此火力全開，我在月光下一筆一畫交代著我的保險與負債，一天一篇，一字一血，因為我深怕這一切在我死後讓我的家人茫然無措。

我開始研究結束生命的方式，才發現數十種的方式都那麼痛，那麼辛苦，那麼煎熬，那麼需要足夠的勇氣，原來死也不是那麼容易。一刀劃下，痛苦已反擊。我爬上了頂樓，望著天際，想說讓老天見證我的無力，不是我不願意撐下去，而是我已使上了下輩子的力氣。

正要跳下的這一刻，媽媽電話來了，要我回家吃飯，我淚崩，我突然在想，媽媽煮的是大家一起吃的餐，而非我的腳尾飯。於是我擦乾眼，再一次向天借一點勇敢。

我的神，似乎已真正感受到了我的竭盡所能，於是默默安排著解套的機制，弟弟幫我了，一切平反了，債務歸零了，我已重新再活過來了。

我感激我的家人，感激我的神明，在我孩子氣的靈魂裡，讓我玩盡了瀕臨死亡的刺激，感激沒有真正把我放棄。

事歸事，情歸情，莫亂混濁搞事情。

命歸命，運歸運，莫用逃避扯命運。

自殺，如果是成就美好的壯烈犧牲，那我敬佩你。

如果是逃避責任、展現情緒，那真是讓人瞧不起。

你以為死是什麼？

那只是對肉體的始亂終棄，

靈魂的困窘依舊繼續，

債務只會變本加厲。

我沒有瞧不起自己，而是覺醒於愛的癡迷。

我也沒有敬佩自己，但是我踏實的為生命在努力。

這一段的經歷，不是要分享哀戚，而是想告訴有緣人，**死是最笨的選擇，還有一口氣，就有翻身的餘地。**

✾ 情字這條路

情，是爐火純青的心。卻也在這樣高燒的溫度弄壞了腦袋，傷了眼睛。如果不是情，我不會有那牽絆的心。如果不是情，我早已左抓右放，走著躺著都黃金。如果不是情，我不會震盪那少女懷春的心靈。如果不是情，我不會因為全然豁出後，依舊傷透了心。如果不是情，我想我不會經歷這一切死去活來的考驗，更不會真正明白患難見真情。

當你患難，我給了真情，我卻摔破了夢境，跌落谷底找眼鏡，才發現識人不清，差點毀了命。當我患難，你在哪裡？說的都好聽，需要沒人影。談的都是愛，做的都是傷害。

該放下的，一定得放下。不想放下的，還是得放下。沒那個能

力，就別迷亂扛著，留著不會幸福，只會揪心。男人重要的是肩膀，而不是虛華氣勢的瀟灑。女人不能只嚐那糖衣甜蜜的酥麻，別忘淺嚐而刷牙。

壞女人，有人愛。笨女人，自傷害。我當不了壞女人，卻更在被傷害後，持續多年的自我否定，彷彿別人的過，都是我的錯。恰似別人的失落，都是我惹的禍。

好些年，我一步步都是錯，因為我自己已經被莫名其妙的催眠給迷惑，我以為幸福本來就不該歸我所有，我以為只要身邊能有一點溫度，已經是上蒼憐憫的福。我無魂有體，我如行屍走肉。我輕輕的問我自己，我為誰而活，我自己又是誰？越想越哆嗦。

沒有 68，這樣的隱藏連線，導致我很誠實，沒說不是不說，只是寶寶不願意再說。

其實我很感激曾經悲慘的一切，因為現實面的爆發，才能提早面對人性的卑劣，倘若此刻才遇見，那麼我肯定再也沒有那個氣力對自己的處境反擊。

情，很傷。卻也因為很傷，也才有了真正的成長。沒有曾經的必須放下，那就沒有現在這麼平淡卻真實的良伴。喜歡，常是飛蛾撲火。愛，卻是鄉間小路的平凡。

別人說的大道理，永遠是別人的，

因為那是別人的步伐，與你何干？

除非你剛好在同一條路上。

自己的哲學自己定義，因為那是你一定得自我煎熬過，才能衍生出的智慧。

情字這條路，酸甜苦辣在兩旁，

只有細品後，才知各種口感，

只有下肚囊，才知是否順暢，

只有時間運轉，也才能明白是否營養。

❊ 歸宿

所有男人聽到負債，統統都嚇壞，似乎覺得這是永遠扛不起的愛，當然這已經是我很容易判別真假的測驗題。測到後來，連我自己都不敢期待，直到你的到來。

我說我負債，你說：「我來。」

我說我很多悲慘過去，你說：「誰沒有？」

我說我沒安全感，你說：「我的全都歸你管。」

我說我不是鋼鐵人，你說：「我蓋的鐵皮屋足以保護你的肉身不壞。」

我彷彿死了一次，沒忘前世記憶，而你卻在我重生後到來，我百感交集，悲從中來，卻又滿心歡喜感恩這遲來的真愛。

孝順父母是人的最基本，但卻大多的人忘了本，而你連我的父母都願意孝順，我很感激。

大多的男人都是想著自己，說著自己的感受，而你卻是有飯先讓我吃。

我要貸款買車，你卻直接塞了現金，連存摺都直接交給我。看

似理所當然，卻是現代環境裡的奇蹟。

　　我的工作所接觸的 70% 都是男人，而你卻是 100% 的信任，甚至陪者我南征北討。

　　因為這樣的感動，這樣的紮實，我想任何的女人都會心動。民國 100 年，我嫁給了 100 分的你。

　　也因為這樣優秀的基因，我多麼希望為你留下 DNA 的延續，然而高溫工作的狀態，試管的壓力更是爆表的出奇。感謝你的體諒與包容，讓兩個人的世界也更加溫馨與甜蜜。

　　下輩子，我希望別再如此彎彎曲曲，我希望我的初戀就是你，我不再遊走死亡邊緣的刺激，而是希望永遠能夠感受那種平淡、平靜、平凡的幸福感。

　　你以為人與人之間經營的，維繫的是什麼？

　　其實就只是兩個字：「**感覺**」，而我們就是在這百轉千迴後相遇，得到了最完美的歸宿。

　　在生命靈數裡，我們恰巧互補，我補你的 3，你補我的 6，我無限感激。這樣的幸運，我珍惜。

❁ 速度

　　我是混血兒，不是渾蛋。

　　爸爸是美濃客家人，媽媽是中壢的客家人，而我卻是不會講客家話的客人，甚至從小被認為是 1949 年後的外省人。

爸媽讓我們姊弟在暑假都到爺爺奶奶家住，希望能夠讓我們學會母語，但是爺爺奶奶沒把我們教會客家話，卻練就了一身標準國語，「Oh My God.」這就是從下而上的影響力。

爬樹摘玉蘭花，然後在門口擺攤，這是從小奠定的資源整合與服務的報償交換，於是我發現了我有著生意頭腦，賺錢、存錢應該是我從小靈魂根基裡的潛意識。打工存錢、念書賺獎學金，積少成多是我的樂趣，那是一種累積財富的快感。

我講話的速度很快，因為我的腦袋速度也快，有如高速的電子計算器，輸入同步呈現答案。

我喜歡快感，也喜歡刺激，於是初戀才會陷入那無法自拔的迷茫，只因為那是年輕時追風的暢然。

欣賞在大水溝旁洗衣服，那是原始社會的自然。洗澡燒柴的木頭香，連柴火添加了多少、燒了多久，我都能心算，於是我在致理商專讀會計，又到崑山鑽研不動產。總之，那讓人渾渾噩噩的數學，卻是我的最愛。

在鑽石樓餐廳從外場到櫃檯，我明白服務的精緻度起落著客戶的滿意度。在曾經開冰店兩年的歷練中，我更清楚賣冰贏過當醫生的祕密。賣冰要賣得好，不是幻想把磚塊般的冰晶轉換成鑽石，而是那量多料實在的玉女冰心，冰凍了客人的煩躁，卻暖和了那外熱內寒的心。

我騎著我的 BMW jog，上山下海載著各種豐富的材料，一點一點的學，一鍋一鍋的熬，這樣的摸索是歪打正著的歷練。我學會了從原物料轉換為商品的成本與收入計算，打造出了令人眼紅的亮眼成績。絡繹不絕的人潮蜂擁，不是來自貪婪的倉促，而是心

念中劍及履及的速度。在三重三和夜市，我們也有過這樣的輝煌，雖被設計而失去了繼續，但卻搶不走這踏實走過的痕跡。

我有一天，一定會東山再起。

因為我知道那走過的祕密並非祕密，同樣的一切，不一樣的結果，完全取決於那一個起頭燃起的火心。

當我不再為誰而背債，財富的到來只是自然的信手拈來。而今我已在銀行業 14 個年頭了，我很樂意協助朋友們善用這樣的資源解除燃眉之火，卻不願人們在投資理財上產生迷惑。那一份良善，不是誰告訴我，而是我的神隨時與我共振的心窩。

錢，不該是迷亂心性的禍首，而是解藥救急開啟那枷鎖。

勿將撒錢當投資

莫把投資當經營

錢，花在學習，那是在經營自己

錢，花在幫助，那是在經營人心

存了再多，都可能付之一炬

花在轉角，卻可能驚豔一曲

錢是五線譜上的音符

濫用就是吵雜的聲響

善用便是美妙的旋律

再說一次，我是混血兒，不是渾蛋。

黃金典雅堆滿地，按部就班不稀錡。

我是黃雅錡，再暗的黑夜我都走過，

不論什麼場面，都是小菜一碟，有我陪你。

❊ 冰點

冰點是結冰的那個溫度,就是液體變成固體的臨界關鍵處。沸點就是液體變成氣體,而衍生沸騰之冒。**人生的沸點必須加溫,人生的冷靜當然必須抽離熱度。**

而我就是在這樣的冷熱中翻滾著,只是在即將沸騰時降到了冰點,更在急速結凍中又快速的被加溫,莫非這就是上蒼給予靈魂成長的考驗,讓我歷練那必須平常心的內斂。

我的故事確實很特別,雖然那是已經希望不再提起的往事,雖然那是已然癒合不願再被揭開的傷口,但若能因此而帶給邊緣人一點點啟發,讓迷途者懸崖勒馬,那麼我確實也真心願意。因為我真的在九年一個循環中,看到了起承轉合,見到了成住壞空,體悟到了元亨利貞。

2017 年,恰似神之安排,我開始靈性大開,因為 4/20 生日過後,我脫離了 6 這個階段的糾結與療癒,開始進入了 7 的直覺分析。於是我認真的開始參與學習,第一步就是生命靈數,為引爆執行力 8 而準備,為奉獻的 9 打根基,為兩年半後又要全新起步的衝刺布樁。

而生命靈數確實讓我深刻的重新認識自己,讓我的數學從科學的計算進入到哲學的層級,我感受到了這股強大的影響力,更必須善用而能助人助己。

除了運用精油彌補我的能量缺陷外,我也開始嘗試用生命靈數解析我周遭所有的人,原來所有人的狀態,只要透過簡單的剖析,毋須計算機,就能一目了然,我震撼。

我也重新檢視自己的名字，似乎也是牽引著宿命。

黃，黃帝子孫豈能不知天地易理，山、醫、命、相、卜就從生命靈數的中西合併開始琢磨起。

雅，有大雅小雅，那是《詩經》風雅頌的緣起，我豈能不雅而只是沉迷於小說漫畫電影裡。

錡，過去總覺自己平凡無奇，現在終於發現我有著天命的痕跡，那是與生俱來的寶座，不是木製之椅，而是金造之錡。不曾正視之，方才亂了緒。

雅錡，臺語諧音「撒錢」，過去為愛亂撒錢，現在為助人而撒錢。撒的不再是自己的錢，而是善用銀行的資源。在這個過程中，我開始感受那無與倫比的快樂至極。

我不貪吃，但求溫飽。我不貪財，但願財富自由。我不貪名，但渴望留下貢獻的事蹟。我不貪權，卻也願意為有緣的團體付出自己棉薄之力。

曾經的冰點，是為了智慧與能力。

此刻的沸騰，是為那價值與幫助。

這一刻，我照著鏡子，微笑說：

「黃雅錡，我真的越來越欣賞你。你真的好棒棒！」

謝金山
水瓶座 B 型 3 號人

❀ 水瓶外的金山

謝天謝地謝寰宇

謝恩謝愛謝金山

陰曆 1978 年 1 月 4 日，出生在江西贛州的尋烏，B 型水瓶座。標準的 30/3，活在自己的世界裡，隨和的看待世間萬物，卻是慣性否定自己的代表。數字盤上缺了 2、5、6，於是我嚴重缺乏表達力 2、影響力 6 與改變的核心勇氣 5。

5 是土，我是金山，那我的山座落於哪裡？ 6 是天，2 是地，我缺乏了實質的空間，活在自己虛擬的世界裡。

我常在想，我應該如何突破瓶頸，後來才發現困住我的是瓶蓋。我常盼天降甘霖，卻忘了我就是水。我作繭自縛把自己困成了死水，卻忘了自己盡是活泉。

147 物質充裕，789 貴人隨身，這兩條我都有，於是我幸運的活在愛的世界裡。回首來時路，確實步步皆感激。

從窮鄉僻野的墾荒種地，到那都市叢林的處處碰壁，然後在那網路虛擬的天地裡建構自己城堡，為人們美化網站，為客戶鏈接被看見的契機，也逐步的堆疊我的第一座金山。

貪婪是壯志醜陋的形容詞，而我確實也充滿了讓自己更好的野心，在股市的滄海中遨遊，賺了些錢，卻也在無法預期的股災中瞬間化為烏有。這像是專業賭博般的迷惘，卻也難以阻擋無常洶

湧的浪潮，金山銀山成荒漠。

　　我終於明白踏實的重要，風險預防的不可忽略。一股腦兒投入了愛人的建議，開始為財富管理重整邏輯，為有限的資金在安然的脈絡中，開採亮麗的結晶。

　　水瓶有著天生的藝術氣息，在年輕時學習過的畫畫與美術根基，很快的竄流在我奮鬥的細胞裡，沒有發展服裝設計，卻是深耕了網站殿堂的傳奇。

　　水瓶座的我總在瓶子裡憧憬著未來，所有人也在瓶子外朦朧的欣賞著我的精彩。我不是搖不響，而是從來沒有認真搖響過。別人說我很棒，我卻尚未盤點自己的帥氣，在那瓶子中翻攪，原來那不只是淚水無法溶解的頑石，而是尚未切割的鑽石。

　　我是金山，於是我不能待在瓶子裡，不能只是孤芳自賞的孩子氣，而是打開瓶蓋，衝向天際，在那親自建構的金山上欣賞自己，也給人們沾染喜悅的貴氣。

　　你可能無法改變現狀，你卻可以善用現狀改變自己和有緣人。

　　我是金山，是你可以信賴的靠山。當你因為我的幫助而感謝我，我卻更要感謝你，因為你讓我找到了金山存在的意義。

❀ 生命網路

從村莊到縣城，那是求學的必然之路，卻是只能走路的翻山越嶺。帶著妹妹租房子在學校附近，開始掌廚養活自己。於是我從初一開始自己做飯，信手拈來的一道道好菜，雖然簡單，卻是滿滿的勇敢與愛。

1998 年高中畢業了，我到武漢找製衣廠的工作，搭乘「摩托計程車」，開口 5 元，到了目的地卻變 50 元。我知道這是被騙被勒索了，卻也只能認了。

一週後仍舊沒人要我，可能我的表達力太差，長得又不夠帥，於是回家幾天後轉往廣州發展。那時的暫住證查核可真是令人困擾不堪，拿著雞毛當令箭的人也真是多如亂麻。重點是我被抓去汕頭關了一個多月，輾轉找了親戚把我贖了出來。

生存真的不容易，夢想被扼殺後，還是得發展，於是又到了廣州，在皮革廠為手提包畫版。但我完全不圓滑，不會討好人，兩個星期後老闆找我談話，很快的結束了這份工作。我沉思著自己的狀態，在表達力如此差勁的情況下，先回家學了 3 個月的電腦。

1999 年，妹妹考上了北京的中華女子學院，並且聯繫上了在北京中央工藝美術學院就讀的同學，於是我決定前往北京發展看看。九月在朝陽區百子灣租了房子，安頓好了妹妹，用著同學租的電腦，開始練習 Win98、Office、Photoshop。

在長安街上賣報紙，一天下來賺了 20 元，很興奮的騎著自行車載著妹妹，卻被員警攔下，罰了正好 20 元，這是我在北京最難忘的一天。

2000 年 2 月過年沒回家，找了真正的第一份工作網頁設計，月薪八百元。於是開始了與電腦對話的日子，依舊少了與人群的互動。一晃眼十多年過去了，在網站設計的角色上，我已算專業。在網站功能實用上與視覺觀感上達成了平衡，所有的客戶對我的作品與服務都是愛不釋手，也算有些成就感。

2008 年邂逅了愛人，流年剛好走 6，這是責任的開端。

2009 年結了婚，流年走 7，正是幸運的開頭。

2010 年創業，流年走 8，開始細膩專注金錢上的上下起浮。

2012 年孩子出生了，流年走 1，果然是全新的一個循環。

2016 年進入保險產業服務，正式改變的流年 5。

2017 年認識了師父，學習生命靈數、紫微斗數，磨練表達力，希望在自己的服務上能夠更獨特與貼切，流年走 6。

2018 年，流年又走 7。果然是幸運的開端，榮獲師父的遴選，進入了這本書，成為了作家，表述了自己的經驗。

冥冥之中，一切似乎早已有了定數，只是我們自己如何看待這一切的安排。在生命的脈絡裡，如同電腦的網路一般，我們必須懂得程式運作的語言，必須自己設計自己的美麗畫面。

每個人的命運都是錯綜複雜的排列組合，機會卻是人人皆有的公平對待。看似不公平的事件，其實已是另一種公平。看不懂的問題，答案卻已經在裡面。而我們所需要做的只是遇見自己，認識自己，然後壯大自己。

建構自己的品牌比追隨名牌重要。

照亮自己的名字比跟隨名人有利。

我是謝金山，陪你創造全新的自己。

✿ 贛南臍橙

我喜歡光著腳丫踏在泥土上，那是一種真正接地氣的踏實。有耕耘有收穫，種什麼長什麼，對於我而言再理所當然不過。反觀現今的社會，這卻再也不是必然的結果，而是需要另一種靈活。坦白說，很不習慣，很是迷惑。

在家鄉的土胚房，黏土築牆，磚瓦灌頂，冬不太暖，夏不太涼，卻也有那一份四季的安然。雖是客家人，卻也能真正當著自己的主人。

從有記憶開始，下田務農是我課餘之際的基本習慣，也是客家的傳統。日出而作，日落而息，簡單而快樂。春耕時的泥土香特別芬芳，時到今日依舊停留在鼻腔黏膜的記憶裡。

小油菜、大菜頭、菠菜、菜心、茄子、黃瓜、黃豆、蔥、薑、蒜、韭菜、紅薯、花生、芋頭、水稻、豬、雞、鴨、鵝一應俱全，自給自足，不往外競爭，活著是那麼的簡單，連買賣都不複雜。

我最愛韭菜與花生。韭菜四季皆有，花生不必打理，秋即可豐收。偶遇乾旱，拿臉盆河裡打水，滋潤了土壤，也溫飽了肚囊。這一段日子，永生難忘。

在政府的政策與輔導下，贛南臍橙成了贛州最重要的作物。除了成為了全中國第一，也是世界種植面積的第一。有著肚臍的柳丁，鮮豔濃甜，渾厚脆香。臍橙無核，繁殖需接枝，卻孕育著各種感動與希望。

難忘 2008 年氣候災害，臍橙滯銷的狀態中，愛人為了協助哥哥，從家鄉拉了兩車到北京販售，一車 20 噸，那可不是可以隨喜的拋

售。沒有暴利的奢望，卻也不能踐踏了家鄉心血的艱難。於是愛人與我到各醫院及各單位洽談，最後讓這一切平反了它的價值，也給了自己因禍得福的收穫。

臍橙無心，不能諉過。大自然無情，無法預知災禍。心在我們的身上，情在我們不放棄的雙手，那樣子的心情只有親身走過，才知成敗皆在決心的尖上。

這一次，我見識到了愛人凌小英的勇敢，凌駕著嬌小的身軀，不讓鬚眉勝英豪。

臍橙給了我很多生命哲學上的省思，於是我也給了贛南臍橙新的定義。在客家人不屈不撓的精神中，苦幹、活幹都得戰勝艱難，就是不死幹、不蠻幹，這才是幹難「贛南」。肚臍是母子連心的傳承，在不偏離人性的正軌中，注入異軍突起的靈魂，如同臍帶血的即時救援，人願誠之，天必助之。

一模一樣的菜，一樣的條件與程式，不同人煮出來的滋味卻全然不同，原因只是心念。

一模一樣的話，一樣的呈現與態度，不同人說出來的感受也截然不同，原因只是歷練。

贛南臍橙，宏願必成。

✿ 客家人

客家人的論述，典籍上、網路上隨處可見，因此不是我要傳達的重點。不論那是謠傳還是真相，不論那是批判還是讚美，客家傳統的血液在我的身上，我不會讓大家失望。

在贛、閩、粵的交接，這樣一塊貧瘠的丘陵地，卻也耕耘出了興盛繁榮，這已足以證實客家族群的堅忍不拔。在北方戰亂南遷客居的顛沛流離中，依舊能夠落地生根繁衍枝椏，可見客家人的隨遇而安，不失穩健。

客家之名緣起廣東，外來之客也成家。不當客人，當主人。客氣是禮，團結是理。在族群融合的情義相挺中，盡是義舉，更生情誼。

遷徙是一種勇敢，生根是一種責任。祖先從北方遷到了南方，我從南方又遷到了北方。在北漂一族的狀態中，誰不是客家？

在北京天津我奮鬥著，成家了，生了孩子。我突然發現，我們一家依舊都是客家人。

客家人沒有地域之分，不以省分論情節，而以本分灑熱血。勤儉不是吝嗇，團結不是自私。客家族群有其濃郁鮮明的習性，不論是所謂純漢族，還是融合了少數民族的血統，客家已窯燒出了一種特殊的文化，薪火相傳。

在網頁設計的領域，我從客人變成了主人。在保險理財的世界裡，我從消費變成了服務。客，有一種戰戰兢兢的元素。家，有一種不必多言的親切。四處做客，四海為家。在不確定的未來中力求生存，在團結凝聚的安然裡繼續發展。

　　當我們不認識，皆是客。當我們熟悉了，已是一家人。合作是客家精美的習性，所期所望都是更美好的明天。

　　你以為你占了便宜是值得慶賀的優越，其實那是貧窮的思維。

　　當你能為圓人美夢而給予方便，那已是富可敵國的胸襟。

　　貧富差距不是在數字上，而是人格的狹隘與寬廣。

　　你所重視與在乎的一切，

　　決定了你真正的方向。

　　當你只重視別人的觀感，

　　那麼你很難不虛假。

　　當你只在乎自己的感受，

　　那麼你很難有影響力。

　　不是全然忽略這一切，

　　而是淡然面對這所有。

　　族群間的隔閡是一種腦殘的分野，重要的不是你歸屬那一個品種，而是你有沒有種。重要的不是你是哪裡人，而是你算不算人。

　　我是客家人，很重要，因為我懂飲水思源。我是中國人，更重要，因為我絕不會讓中國人丟臉。

❀ 英山財富

我最感激的人當然是父母，除了賦予我生命以外，並沒有把我圈在山上，而是讓我自由發展。然而「父母在，不遠遊」，我卻在遙遠的北京發展，似乎也吐露著生命中難免的無奈。

除了血緣上的親人，2008年起，攜手歷經10年風霜雪雨的愛人，凌小英必然是我最感謝的人。

在我那加班熬夜的日子裡，為我帶來親自烹煮的飯菜，那種滋味至今仍然甘甜，那種溫度在此刻依舊暖心。

在我被股災淹沒的歲月中，獨自撐起一家子的艱辛，我不單看在眼裡，更是不忍於魂魄裡。

而今在夫妻共同打拚的服務機制中，我們小有成績，卻也是小英開拓著先鋒，累積著所有的豔麗。

我們都是北漂，將近20年的一切都是有如浮萍般的堆積，從無到有陌生拜訪與開發，確實不易。一路支持我們走過的朋友與客戶，我們都感激。沒有你們的信任與支持，就不會有如今奠下的根基。

然而，隻手無力撐天，同頻共振的共襄盛舉、共組團隊，那是形成氣候的必然。我不是外星人，不是ET，沒有口沫橫飛的花言巧語，沒有死纏爛打的習性。但我是IT十多年的網頁高手，除了人際網路，更能透過虛擬網路，建構屬於我們自己的獨特堡壘，不讓馬雲專美於前，也讓團隊萬馬奔騰，風起雲湧。

我最大的缺點，卻也是最大優點。你完全不必思考我說的是真的假的，因為所有假的，我完全開不了口。這個問題已困擾我40

年，卻也樸實得讓人覺得清晰。

2016 年 7 月加入中信保誠人壽，在卓越八期經理人班經過三個月的培訓，成為一名優秀的卓越經理人，並多次榮獲總經理榮譽宴。在過去的 2017 年度評選為中信保誠人壽「健康大使」，為 42 個家庭送去了保障，並達成中信保誠人壽 2017 年度卓越會德國慕尼克之旅雙人遊獎項，達成了「百萬圓桌會議（The Million Dollar Round Table, MDRT）」超級會員 COT 榮譽，以及「國際龍獎（International Dragon Award, IDA，華人壽險領域最高榮譽）」傑出業務獎銀龍獎。

陳列這樣的速度與成就不是為了炫耀，而是想告訴你，與我一起努力，你也可以。

在投資理財與風險管理的角度中，我有著比任何人都精準而踏實的建議，不論是環境局勢或個人運勢，我都有完整的決策根據。從科學與哲學的角度來看，都很細膩。

哲學是尚未數據化的科學，

科學正呈現著表像的哲學。

沉溺於單純的哲學與科學，那都是迷失自己的錯覺。

分解此刻的思維，顛覆當下所確認，

才有無限可能的明天。

英雄不怕出身低，金山銀山皆可期。

財富不必與天齊，信手拈來就可以。

凌小英，謝金山與您共造奇蹟。

魏碩宏
摩羯座 B 型 3 號人

✿ 隼

1972 年 1 月 1 日，我成為了元旦寶寶。B 型的熱情，摩羯的沉潛，完全符合了北投溫泉湧出的土地上特殊的性格，腦子是冷的，血液是熱的，個性是孤僻的，感情卻是沸騰的。21/3 的我，溫潤的外在，卻不失剛毅的內在，更保有那多變而靈活的孩子性格。看似矛盾，卻是獨一無二。

我的能量狀態，主軸都在 1，因此我有一種異於常人的腦袋，吹毛求疵的 456 全缺，又沒有 8 的參與，於是我知道金錢很重要，卻並沒有在這上面費勁追逐。在獨到的見解中，在天空中盤旋，不急不躁，冷靜的觀察著目標，一旦目標鎖定，志在必得，絕不失準。我有一雙銳利的雙眼，更有一對順勢而為鷹揚眉宇，剎那間我明白了，我有一個烙印骨子裡的隼之靈魂。

我個頭嬌小，動作敏捷，是隼（Folcon），不是鷹（Hawk）。在生物學的界定上，界門綱目科屬種，鷹、隼同目不同科，鷹以爪捕殺獵物，隼卻是爪捕喙攻的兩者並用，更添加了你所無法想像的速度。

2012 年，我成立了「得隼」不動產，爾後又在好友林春蓉的熱情邀約下，入主了「赫隼」不動產。

得心應手必顯赫，天助自助更精隼。

我很清楚自己的狀態，因為知己知彼、百戰不殆，我有一條強

烈的領導線，但那是頭重腳輕的我說了算，因為我真的看得很透，思考得非常周密，卻少了吆喝群聚的耐性，於是有如張飛破軍之衝勁，一吼震撼也退敵。

人性是最複雜的，卻也因此最單純。不是不好懂，是你不想懂。不是真複雜，而是你把它搞複雜了。

我的思維，不是奇怪，只是你已習慣了曾參殺人的眾口鑠金，而我依舊冷靜。

我不喜歡人云亦云，因為我沒忘記父母有生給我們腦袋。

對我而言，考試過關就好，學歷拿到就好，因為我知道社會的眼光需要。但我大多時間在圖書館讀的不是為了準備功課，而是我清楚在奮鬥的路途上，我需要哪些功夫可以強化我展翅飛翔的臂膀。

人性總在良善的基本盤上，因環境的洗禮而混濁變質，而在吸引力法則中，同頻而聚。

我無法面面俱到，因為我是隼，不是八面玲瓏鳥。我很精準，不拒細流。不奢望你跟隨，但你若奮力跟上，我會全力支援。

於是我把 80% 的時間精神資源耗用在 20% 的有緣者，因為我給的不是鳥籠，而是巢穴高臺。我可以帶你飛翔，卻必須你自己展翅。

我是隼，也希望你的未來與成功都很準，

我懶得管理，因此讓制度去管理，

我不虛張聲勢，於是我用行動領導。

說到做到！

✿ 溫泉暖房

在北投住了 46 年,於是我身上應該都有著溫泉的味道,這個家鄉的芬芳,早已讓我五行平衡、身體健康了。北投的溫泉是全臺唯一的硫磺泉,也分青磺與白磺,在我年幼時,連走在街上都能夠聞到硫磺味,幾乎是整個地底冒出來的氣息都是溫暖的。

地熱谷,曾經紅極一時,是 60、70 年代的學生旅行必到景點,對我而言那就是個煮蛋的地方,不小心連人都會煮了,因為危險,於是後來封起來了。

在那個時代,銅板放在桌上,一夜可變黑,可見磺氣之強勁,也薰蒸著此地特有的人文氣息。

在鐵路尚未地下化、捷運未建設之前,新北投支線依舊存在,而這條路就是日據時期為了日本天皇泡溫泉而建設,可見北投溫泉在泡湯的專家族群裡,倍受肯定與青睞。

青磺為木土,白磺為金土,溫泉為火水,光是三個物質結合,就是木、火、土、金、水的相生相剋,於是在這個土地上,五行皆旺的驅使,集結了繁榮,打造了風花雪月,醞釀著一探究竟的吸引力,燒旺了觀光業。

金瓜石產金,日本人早就挖得差不多了,即使很多國外的專家說地底還很多,其實只能說鳳毛麟角了。

北投有著北投石,放射性元素鐳的誘惑,當年也是挖很多了,而今依舊有人嚮往,其實亦是殘花敗柳了。

有土司有財,在我九歲的時候,爺爺用自己的土地蓋了五層樓的房子,這一件事迴盪我的腦海,從無到有,從地基到完工,然

後入住自己灌溉的新房子，那是令人近乎迷戀的幸福感，原來在那當下已建構了我對房地產的深厚情感。

　　房子的後院蓋了澡堂，而這水就是溫泉。這是多麼大的快樂與溫暖，而這樣的溫度，燃起了我的渴望，願幫助每一個人，都能擁有自己的暖房，不只身暖，連心都暖。

❀ 廟公與里長

這輩子影響我最大的人就是我爺爺，因為陪伴的時間最多。

爺爺在民國元年出生，意思就是腐敗的滿清在爺爺誕生之前已經結束了。在一個全新思維的階段，爺爺傳承下來的卻不是創新的突破，而是古韻的純樸，那股濃純香，即使他已百年，依舊在我的血液裡流竄。

我經常搭著爺爺的高級跑車，其實就是雜貨店載貨的腳踏車，四處帶我去朋友家探訪、關懷，在那種有來有往的交織中，綑綁出了人與人之間耿直單純卻強烈的熱度，甚至遠遠勝過血緣的濃郁。那時，我就覺得爺爺就像傳說中古典的里長、村長，雞毛蒜皮都關心，誰家生蛋也瘋狂。

迪化街是臺灣北部的南北貨集散市場，也是爺爺雜貨店柴米油鹽醬醋茶的批貨來源，打造了自己的天地，滿足鄰里的方便，那是全年無休的愛滿貫，只有過年 5 天把心放，我發現爺爺簡直就是我的偶像。

爺爺七十歲時突然想蓋黃帝廟，當這一念想出來後，約兩百坪的土地也準備好了，迪化街商家樂開懷的貢獻集資到位，廟就蓋好了，這是我所見識到的第一件心想事成、天從人願。爺爺說這一切緣起於眾人之心意與力量，我們不能占為己有，於是後來就捐給了政府。

這一切都烙在我心房，我似乎有著爺爺的隔代遺傳，爺爺做的事，我也想參與，因為我也有著熱心公益的古道熱腸，雖然不笑時看似冷淡。我會自己拿著工具清水溝，我會想要解決鄰里朋友

的困難，為什麼？只因為這樣做，我很開心。也因為土性堅強，也只有在這樣的路上扎根，內在才感受穩當。

我的生涯規畫很簡單，把我的房仲事業、都更志業做好，爾後不排除爭取擔任里長，擔任廟公，將這兩者的功能都更一番，那就是我人生的下半場。

今天、明天、後天，都是天。

而你卻逆天、仇天，說你能勝天，

請問你還能剩幾天？

別把天當單位，別把天當名詞，

那是你虛度光陰的原因。

我愛地，我敬天，

我把「天」當成了動詞，

所以我的每一天就都是活的。

我把「地」當成了動名詞，

於是在我的眼裡，不動產是動的。

我在我的天地裡，活動著，

懷念著爺爺，感恩著天地。

❀ 都更

命有生老病死，事有起承轉合，地有成住壞空，而一個房子就如同命，恰若事，跟隨地一般，從開始打地基一磚一瓦建構的開始，進入了這必然的循環。因此沒有一個永遠不壞的屋子，沒有一間永遠不病的房子，所以沒有一個不需要補強甚至改造的建築物，於是創造了「都更」這詞。

在這些年來，由於老社區齒牙動搖，雞皮鶴髮，風燭殘年，不堪一擊，都更的需求不是被創造，而是被強烈的發現。卻也因為人性的貪婪，而讓一椿美事變得醜陋不堪，導致各種都更案的發展，最後都形成了「只聞樓梯響，不見人下來」的狀態。

2017 年，政府的 168 方案，展現了便民的誠意，那是眾人的福音，讓都更的申請與進行不再是遙遙無期的夢想，而是天時地利人和齊聚的最佳時機。

當建商的暴利端被捨去後，當人性的溝通面顯得簡單後，當政府審核的過程不複雜後，都更已經顯得容易許多。但，再怎麼容易也得有人去做，再怎麼簡單也必須有人抽絲剝繭、穿針引線。因為這主體已不是土地硬體的問題，而是人性溝通的軟體問題。

看來，依舊是吃力不討好的事，那誰願意？

是的，我願意。因為我與土地有著濃郁的不解之緣，我與屋宅有著刀劍揮不去的情愫，更重要的是我知道，都更已經不是利益分配的課題，而是生死交關、安居與否的科目。

921 至今已經滿 18 年了，1999 年的集集，震盪了全臺，房子垮塌不計其數，生命傷亡無以細述，在千禧年尚未到達的前夕，人

命的蒸發卻已超過了兩千人。

在生命數字大循環18年的今日，我更感受這樣的使命刻不容緩。我不只是仲介，卻更是仲介。因為我不是只在乎買賣能否成交，而是天地之意念是否能正確傳導。這不需要卜卦，不需看天象，不需專家預測風險，而是三歲孩子都知道。斑駁的空間，龜裂的磚瓦，脫皮的鋼筋，還能禁得起什麼樣的摧殘。

人老了要退休，房子老了該不該休？

你可能很困頓，可能不知所措，可能怕一切都是詐騙集團惹的禍，一切都令人困惑。但只要你認識我，知道我團隊所對這土地的努力，那麼你可以把所有的困擾交給我，因為這是我的志業，扎根於靈魂的心志，為你再一次翻騰搖搖欲墜的家業。

災難來時，沒在現場，那是幸運。

機會來時，你認識我，也是幸運。

別問，誰能為你做些什麼。

且問，你能為誰做些什麼。

別問，誰在乎你的感受。

且問，你忽略了誰的感受。

世界不是以你為核心，

而是你該練習同頻共振世界的價值核心。

這是我的心念，所以我願意，

做你所需，而我剛好也很犀利。

✿ 只要你長大

在爺爺爸爸的 DNA 傳承下，我沒有把做生意變得複雜，我沒有想過成為所謂的大商，雖然一脈相傳的都是這樣的格調，但我覺得很多事情本來就是這樣，沒有技巧，沒有捷徑，沒有囉哩囉嗦的複雜，一切都是那麼自然。為什麼？因為我是人，是一個腳踏實地的人。

很多事，我看很淡。因為我認為時間到了，都是自然。高中聯考前一天，我可以去見女朋友，那是我的初戀。戀愛，也沒有什麼浪漫，只是希望生命中的每一個階段都不孤單。大學畢業第一份工作就是房地產，爾後也跟舅舅到大陸深圳龍岡，然後到華碩上班，這是為了訓練自己在業務市場上應有的應對實戰。

接著我到美國留學，攻讀企管碩士，主修人力資源，認識了老婆，交往 6 年，結了婚，男外女內，生了很好的孩子，一女一男。

我有別於父母的教育，不塞知識給孩子，因為我認為很多的一切，長大就自然會了，就跟吃飯睡覺一般。他們有興趣的就讓他們多學，沒興趣的就擱著，讓孩子擁有生物的本能，找尋自己真正需要的營養。

我的成長是一種自主更新，父母很放心。我教育孩子，主體都是老婆處理，而我只是很自然的陪伴，假日陪玩，暑假陪出國，讓他們多看看。而他們也沒有特別的喜歡哪個地方，關注的是事件本身，而非哪個地方。

我不會一定得孩子學什麼，因為很多事，不跟流行，更沒有著實的必要性。我對他們沒有所謂的寄望，只有責任與愛。

　　我只是努力讓他們隨喜有各種事物與能力的接觸機會,不在週歲抓週,而是把抓週放大到在每一個階段的成長,讓他們在我可供應的範圍內自我發展,自我更新,自己爆發自己的能量。

　　關心,不如開心,

　　同心,才能用心。

　　整天談心,卻找不到你的心,

　　整天看人,卻忘了你是人。

　　忽略自己,才能放心,

　　應無所住,方生其心。

　　生命的傳承,不用說得太偉大,不用有太高的期望值。在觀念與習慣的中庸引導中,也就不容易偏離了方向。擔心就容易傷心,用祝福替代憂心,那麼孩子就會與我們以心印心。我的傳承很原始,只要你長大。

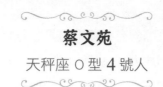

蔡文苑

天秤座 O 型 4 號人

❀ 獨孤九劍

921 震央集集,那是我的故鄉。幸運的是當時我已離開了這個地方,但生命的結構卻免不了震盪,至今餘震不斷。

1966 年 10 月 17 日,天秤座 O 型的我出生在臺北,那是美國的一個實驗寶寶計畫,於是母親從懷孕到分娩都是在軍事化般的規律系統中生活,期盼能夠有一個身心靈全然健全的優良寶寶。但卻沒有改變我孤獨的孩提命運,沒錯!我是獨生子。父母都是小學老師,應該說是全科老師,在那個時代純屬正常,然而父親卻身兼數職,堆砌著家裡的磚瓦,只為了早些買下屬於自己的房子。

然而,在有印象以來,從來沒有父親的懷抱,不知父愛的溫度,連夢裡的對話都是那麼簡潔有力,我的回答通常只有:「好!」、「是!」、「沒問題!」,彷彿那是我永遠的長官。

媽媽保守、樂觀、安於現狀,總也給我一句:「把書讀好,就會有好工作,就會有錢。」媽媽有著賭神般的腦袋,幾乎每一次打牌回家都會給我吃紅,不知是犒賞我的等待,還是報喜不報憂的瞞天過海。於是陪爺爺上山種水果,在田邊看種稻,用市場的剩餘肉屑釣青蛙、抓泥鰍、與鄰居瞎玩、採蓮霧、烤地瓜,然後被投訴,一股傻勁充當孩子王,那是未念書時的飽滿記憶。

還記得五歲時,莫名其妙被眼鏡蛇咬了,爺爺瞬間拿起鋤頭打死了凶手,一起將蛇屍體與我帶到衛生所,而我就這樣住院住了

一個禮拜，我開始思考著我是否開始會神力無邊，因為大難不死，必有後福。出院後繼續練著我的無影腳衝穿馬路，也練著心中靜默的獨孤九劍。

七歲我們舉家搬到臺北，爸爸陸續買下了兩間房子，白天在敦化國小教課，晚上延平補校高中部教課，假日還有救國團的活動、教育部的演講。爸爸一年留給我的時間最多六次，我感受不到他胸膛的心跳，不知肩膀的厚度，只有那雙文人的手掌，牽過我的方向。

那些年，我很孤單。卻也沒忘父母教誨的方向，奮力讀書，不讓他們失望，大安高工建築科、臺灣科技大學營建系畢業後，考上公務員，在臺北市政府養工處服務，一晃眼就是 16 年。

爸爸多年的奮鬥，終於積勞成疾病倒了，臨終前拉著我的手，說了好多好多，這是這輩子父親對我說最多話的一次，我終於深刻的感覺到，爸爸是愛我的。

多年回想，我的習性像極了媽媽，似乎少了父親的遺傳，看著父親人際社交上的活絡，在我結束公務人員生涯之前，我完全看不到在我身上有任何一丁點來自父親的靈活。

於是當我要扭轉自己的表達力時，我練就著獨孤九劍，因為父親已經來不及傳承他那能夠廣結善緣的獅子吼。當我也成了爸爸，我決定不讓這樣的缺憾再發生。

於是我

給自己一個夢想，

如同拼圖，一片一片接軌。

給後代一個方向，

寫下一本書，一字一句串聯。

願我在星空草原上，也能無憾回首這一切。

❀ 獅子吼

蔡田筆耕文稻長

苑內知了震天響

爸爸走了，留下了愛的懷念，卻也出了一道功課給我。長久以來，我完全缺乏的表達力，那是父親尚未開光點眼的遺傳。我迷失在與人應對進退的叢林裡，才發現多年僵化的公務員生涯，導致自己連快樂聊天談心的能力都沒有。更不知道擋在眼前的阻礙，何時才能超越。想起馬雲說：「彎道超車，不如換道超車。」於是 2008 年我離職了。

我在有如非洲草原的荒煙蔓草中，聽聞著鬣狗群圍在旁的吵雜，而我卻一點聲響也出不了，偶遇一獅子，牠問我為何完全沒有獅子應有的氣勢。剎那間我才明白原來我也是一隻獅子，只是父親忘了告訴我，更忘了傳承那獅子本能的獅子吼。

我想找回那種渾厚，想找回那失落的蹉跎。聽著廣播那頭的臺語說：「男兒打拚出鄉關，事業無成誓不還。」瞬間燃起我的興趣。

為了練口條，我跑去臺南花園夜市學叫賣，一點一滴的累積。

踩對時機跟對人，功夫普普變高人。

站對好山頭，強過一身好拳頭。

觀念若通滿面春風，觀念不通口袋空空。

除了這些貼近市井小民的順口溜，我也開始前進各種專業的口才訓練班，放低了姿態，忘卻了曾經的優越感，開始打造自己如荒漠的口語表達。老師說，如果你對著柱子講話，講到柱子哭了，那麼你就成功了。而我真的對著柱子講話數十分鐘後，柱子還沒哭，我已經哭了。這一刻，我認真感受到了我自己的決心。

我給了自己數年的魔鬼訓練，口語魅力、催眠式銷售、拒絕後的成交，坊間的相關表達與銷售訓練，我都不想放過，就這樣開始蛻變了我自己。

2016 年 10 月 17 日我繼續深造自己，前進「言武門」，參加言武門講師特訓，這是一個令我大翻轉的訓練課程，不再是只有花拳繡腿的流暢語文，而是更加融入靈魂感動影響力的震盪雙唇。

言語是一門修煉的武學，

文字是觸及靈性的刀劍。

言如兵法，足以退萬軍，

文似醫藥，足以救生命。

言如李斯，文若韓非，

慎言如妙文，智慧已開門，故稱言武門。

2017 年 5 月 1 日言武門開辦了「美麗傳奇講堂」，每天晚上都有不同的講師、不同的主題，而我也是講師群，更是主持人群固定的值星班底，這是何其大的認可與鼓舞，著實感激。

生命最難熬的時候，

卻也是運途轉折的時機。

沉靜得智慧，堅毅入史籍，

> **人逢殺破狼，成敗一口氣。**
>
> **人生不是岔路，而是五線譜。**
>
> **自己的樂章自己譜，自己的旋律自己演出。**
>
> **我用生命刻劃每一朵音符，絕不馬虎。**

我是天秤座，我開始因為我的奮鬥不懈而彌補了我的缺憾，更在不斷要求自己的過程中找到了平衡感。躍上山峰巔上的舞臺，如同獅子王，輕輕一吼，聽那精彩生命的餘音繞樑。

✿ 星空草原

1853 年 3 月 30 日，荷蘭的傳奇畫家文生・威廉・梵谷（Vincent Willem Van Gogh）出生了，23/5 的梵谷，是那多變而勇敢的靈魂，123、258 連線，果然是熱情的藝術家，缺 4、6、7、9 造就了 37 年的生命，兩個 5，四個 3，一目了然的創意與變數。

1890 年 7 月 29 日，選擇結束了自己的生命，成為了 36/9 的靈魂，不曾在梵谷生命裡出現的 9 卻出現了 3 次，而智慧線 369，貴人線 789 也連上了，開始了精神奉獻的歲月。

在星空下擔任別人的貴人，淡然自己的創意，成就別人的智慧。

400 萬個寶特瓶上了彩衣，在瑞芳的擁恆文創園區，奇蹟般的堆疊出這一幅梵谷生前遺留下來的偉大作品《星夜》，在靈性安息的草原上綻放，從此讓活著的人為之嚮往，已經沉靜的亡者，不再感傷。

「星空草原」是我離開公務生涯後，練就一堆功夫後，真正站起來的土地，這一切有貴人相助，也有自己的不願認輸，置之死地而後生，也因這裡我找到了翻轉的契機，在我人生即將瘋狂之際，彷若梵谷聽見了我的聲音，給了我療癒。

多少個夜，我在星空草原，想的不是死後的哀戚，而是思考著當我還沒進入我所買下那塊地，我應該為自己多累積點什麼樣可以炫耀的回憶，在星空下，不必點燈也能閃閃發光，溫暖而動人。

這裡沒有毛骨悚然的氛圍，因為所有魂魄都已被療癒。

這裡沒有悽愴魅影的倉皇，因為這是放下所有的快樂天堂。

2018 年，豬哥亮大哥也來了，讓所有看不見的細胞，也都有了幽默風趣的伴，何來寂寞，簡直夜夜笙歌齊歡唱，當然累了也可回到自己的別墅閉關。

我之所以選擇在這發展，其中一項是我見到的關鍵感動，因為臺灣大多的陰宅皆是樓房，只有這裡有伴有廳堂，戶戶盡是透天的洋房，每一戶的造景都是藝術家的大作，典雅而溫暖。

在這星空草原上，我看到的不再是感傷，而是希望。

感恩梵谷大貴人，給了我谷底翻身的星光。

❀ 雙胞胎

在轉換跑道的過程中，我感激我的夫人，讓我沒有後顧之憂，卻也不給我虛無縹緲的鼓勵，只有輕輕的一句：「革命未成，繼續努力。」而我的雙胞胎女兒，也在她教育專才的牽引中，各自找到自己的路。

我也很感激我的兩個女兒，就如同多了兩個好朋友，因為也只有當朋友，才能無話不聊，才能沒有隔代的鴻溝。我很幸福，從出生開始，換尿布、洗澡、泡奶都是我一手包辦，那種參與感還真是如人飲水冷暖自知的感受。

她們的學習，我都是參與而不干涉，提供意見而不勉強，如此一來，果然產生一樣的湯頭，卻截然不同的料理。

幼稚園中班時，我讓她們去學心算，姊妹都已十幾段，這樣的訓練養成了「坐得住，定得下」的沉著，在思緒上衍生了比別人多一些的冷靜，也因此增加了判斷上的精準。

比賽練到哭，得獎樂到爆。愛的教育，鐵的紀律，早已讓她們習慣了磨練自己的樂趣。

平安，是我最基本的期許。姊坪妹安，淳樸而淡雅。姊姊前進空軍官校，磨練飛官的視野，妹妹踩上大阪，在日本大阪近畿大學攻讀藥學。完全不同的領域，帶給了我同樣的驕傲。

我曾在想，為何同樣的出生年月日時，個性與命運卻差異甚大。透過師父的說明，才知道原來即使同一個時辰出生，八字也不同。同樣的生命靈數，數字能量卻依舊有差異。原來相同中還有不同，身分證字號的末尾碼找到了答案。我震撼！

孩子,沒有兩片雪花長得是一樣的,沒有任何兩個生命是相同的,但我對你們的愛沒有任何差異。

軍校的煎熬,我明白,姊姊沒喊苦,我卻已心酸;隻身在另一個國度的孤獨,我清楚,妹妹沒說寂寞,我卻已滂沱。

家務事,我都一手包辦。看我的樣子,你難以想像,我有如日本諧星志村健的幽默,快樂給別人,歷練自己嚐。我有一項可以炫耀的特殊專長,辦桌上菜耍花樣。媽媽問:「你去哪裡學的?」我說看食譜自己練,沒有去哪學,只為出國留學不餓肚子做準備。後來沒去了,煮給家人吃,也全然沒浪費。

姊姊為何當飛官,那是為了明白如何展翅飛翔。

妹妹為何到大阪,那是為了一圓父親日本留學的夢想。

孩子,感謝你們的奮鬥。其實我很簡單,只希望你們人生的路上快樂平安,找到自己的成就感,那就是對我最大的報償。

✿ 三位一體

我喜歡旅行，喜歡學習，喜歡料理，而這三件事看似沒什關係，卻被我緊密連結在一起。因為學習可能必須離鄉背井，而遠離家裡必然沒了原本熟悉的照顧，因此凡事都得靠自己，包含食物的料理。而這樣的過程為了不添增悲情，我選擇把它當成了旅行。於是我的旅行、學習、料理，很自然的形成三位一體，共生共榮。

為了出國念書，我勤練手藝，希望在那即使冰天雪地的冬季，也能餵活自己。雖然後來還是在臺灣完成碩士學位，而沒有出國進修，卻也在料理的過程中領悟了另一套人生哲理。

每一種食材都有其特質，必須先行做功課，了解後才能開始處理，否則張冠李戴必然不是菜。譬如炒菜，有些菜油熱後即可下鍋快炒，30秒即可撈；有些材料務必先行清水煮熟後，才能入鍋炒作，否則外焦黑內未熟，經常可見。

於是下鍋的先後順序都必須細膩考究，包含調味料的種類多寡比例是否恰到好處，都是左右口感味蕾的關鍵。擺盤的氛圍也很重要，不同器皿所呈現出來的感受與能量力道截然不同。燈光、音樂、景色、氣味、溫度、濕度，無一不影響一餐的結果。

我不是處女座，只是在分析人性的哲學如同料理食材一般，不能把人看得太過簡單。一種米養萬種人，看來都是人，卻從來沒有兩個一模一樣的人，即使雙胞胎也是如此，這樣的體會，我很深刻。於是生命靈數這套功夫一定要學會，才不致於在人際關係的互動上總是受挫。

很多事不是誤會，不是別人有錯，而是我們自己搞錯。因此學

習是一生一世中最重要的事，即使你財富滿貫，成功到了一個極點。倘若一天你放棄了繼續學習，那麼就等同放棄了自己。

2017 年我拿到了碩士學位，這是一種很平靜的喜悅，而我已經過了 50 歲。學習的習慣卻從來沒把我拖累或摧毀，而是讓我一年一年過，一年一年少一歲，越活越覺得有滋味。

再怎麼忙，我也必須旅行，不論在本島亦或出國，每一次的旅行我都當成遊學，在那上山下海，在那街頭巷尾，在那市集小店，在那攤販角落，在那陌生卻又親切的臉，在那誤以為我是當地人的柔美。這些種種的細細品味都是我深刻學習的滋味，我很陶醉。

我在翻騰半百的歲月裡，我驀然回首，我有千錘百鍊的學習，我有不虛此行的回味，在那黃土一抔時，我有梵谷的點綴，有淡然豁達的星空草原，有那我認真料理過的每一朵人情味。

朱麗芳

雙魚座 AB 型 5 號人

✿ 長女

在《易經》八卦的解讀中，巽卦代表長女，下為陰爻，中上皆為陽爻，那是大自然裡的風。虛無縹緲卻無所不在，柔順而無所堅持，進退而兩難。順利於天意，有夢而忘己，因此所有的長女幾乎都有著同樣的命運，雖有長之名，卻無權之實。我，就在那還隱約殘存重男輕女的時代來到了人間。

1982 年 2 月 19 日我出生在臺北，爾後住於板橋，然後搬到林口，在這北部風最大的臺地上，開始了我如夢似幻的人生。

朱雀門前飛，

麗風展笑顏，

芳草人人問，

溫暖滿心田。

爺爺有三個妻子，父親是大房之子，孝順是眾所周知的典範，然而父親無子嗣，只生了兩尾亮眼的雙魚，於是母親因而不得寵。但在媽媽勤儉持家的金牛特質中，量入為出的金錢觀念烙印在我的每一個細胞裡。

媽媽的愛，我深深感受，即使拮据的狀態，依舊盡量滿足我的願望，學習的費用從不手軟，鋼琴芭蕾也能涉獵，無限感恩。若說我有著那一股典雅的氣息，無非來自當年母親的培育。

這一刻，我突然發現我有一種享受於舞臺接受掌聲的快感。也

在輕柔的旋律裡，開始著天鵝湖裡的曼妙。

日子慢慢前進，我卻懷疑了湖水的溫度，似乎是我想要逃離的冰冷，叛逆之羽翼開始振翅，隨著意念裡的風，飛到哪裡棲息到哪裡，尋找那自己定義的美好感覺。

一晃眼，我也是孩子的媽了，這一刻我才明白，生命的傳承是那麼的不易，生命的每一個個體都有那麼多的課題，如同必修的學分即使過關，也不一定真正明白書本的真諦，而我卻一直在選修我所謂的興趣。

離家五百里，我以為那裡有比較新鮮的空氣。而今才發現，原本以為吵雜的擁擠，竟是我今生最在意的根據。

我誤會自己是水瓶，所以我急著突破瓶頸。而今才明白，我是放不下情愫的雙魚，親情、愛情、友情皆然。我是所有朋友可以傾訴的知己，溫暖是大家對我的評語，其實我在年少輕狂的波浪中穿梭，我只是把悲傷留給了自己。

我是雙魚，是從天鵝湖游向大海的雙魚。誰知傷痕纍纍後，開始回溯逆游。有人說我是美人魚，但我不想再為夢幻泡影的假象而美麗。我也不想當魚缸裡的孔雀魚，而是智慧亮眼兼具的海豚，時而乘風破浪，時而躍升天際，激盪那自己也能欣賞的璀璨綺麗。

我是流動的風，因為我是無法或缺的空氣，我接收責任使然的打起。在那 5 號人的勇氣裡，我願意，不只因為我是長女。

❀ 我的世界

當我已經安排好了所有經濟的充裕準備，即使沒人可以依靠，我已可以悠遊自在過著自己剩餘的生命，那就是我可以正式退休的時候。

當我退休時，我想雲遊四海，但我並不想在那時候才開始這個想法，而是陸續靠著自己的努力，品嚐著遠見近觀的甜蜜。

泰國，騎大象，我想著大象的委屈，也思考著自己的渺小。看著人頭進入大鱷魚的嘴裡，那是人們玩弄生命、玩弄自己的把戲，殊不知無常隨時合起。

日本，富士山下的東京，那是冷靜與繁華的極度對比，似乎告訴我們追求物欲的當下，別忘抬頭看看雪堆山頭雲繚繞的思緒。

捷克，登高處，一覽無遺的美景，彷若置身天界仙境窺看人間庸人自擾的癡迷。這一刻我在想，我是否曾經就是仙女，何苦來哉落情迷。這個時空的錯亂，我閉上了雙眼，大呼一聲：「傑克真是太神奇。」誰知我在秋風裡，尋覓那布拉格的春季。

德國，感受納粹的犀利，體驗那希特勒傲視群雄的野心，在機械化的規矩中，看似不浪漫，卻是紮實的影響力。

義大利，那是古色古香的典雅，所有的建築都像是藝術家在說話，連塗鴉的牆都如同散發陳年咖啡烘焙的芬芳。

瑞士，山上猶如天上，美得像夢，美得像畫，美得不敢相信這是真的。我想用詩句形容我的震撼，卻怕如怪獸侮辱了瑞士的美，只能說這是我真喜歡的地方。

走過世界各國，我還是最愛臺灣，不只因為食物上貼近，更是

生活上的習慣，再加上這裡本來就是我的故鄉。

　　世界再美，沒有真心在身旁，都是孤單。

　　視野再遼闊，沒有真情在左右，更顯空蕩。

　　同行再熱絡，沒有真愛牽著手，越加寂寞。

　　懂我，就別傷我。懂我，就釋放彼此的自由。

　　踏過千山萬水才明白，有一個懂我的你，即使清粥小菜也香甜，即使足不出戶也浪漫。

　　我要的不多，只想要那一份踏實溫暖的感受。

　　我想退休，不是那奔忙的迷惑，而是那可以放下盲目的追求，營造一個平淡無奇卻貼心的窩。

❀ 鋼琴上的芭蕾

30 歲以前，我在夢裡面對現實；30 歲以後，我在現實中打造夢想。這是兩種截然不同的心境，更是兩個完全相反的態度。

我用助學貸款完成了我的大學，然後在社會裡鍛鍊我所學。經濟、會計、統計，曾經只是為了生計，而今這三計卻已然成了我幫助他人的根基。學習是那麼必要的功課，在 36 歲的第四季，卻是我重新檢視自己，整理我的思維，沉澱我自己的冬季。不是夢醒了，而是我在鏡子裡，發現了我從沒有注意觀察的自己。

不論是清醒還是沉睡，我似乎該遲鈍的敏銳了，該透析的卻混濁了，難道那是雙魚的本性？隨波逐流卻迷濛於感受，淡忘了那是腮呼吸的必須，還是鱗片撞擊水紋的直覺力。浪漫若是夢，我願永遠不醒來。夢想若是餌，我卻狠狠咬下去。哭泣，沒人看見，淚滴流淌的瞬間，全都溶在了水裡。我不禁在問，大海的暗潮究竟要把我帶到哪裡。

我在琴鍵上舞動，在那碰觸鋼弦的交錯中，迴盪著自己沉醉的樂音，我聽到音樂的旋律是那麼美麗，而我卻不滿意。因為我知道我可以將這一切變得更無懈可擊。

女兒在成長，六年多來我也發現了自己的不一樣，因為我不再只是長女，而是我也生了長女。那份時而說不出來的孤寂，那種經常反竄的空虛，那一股總是迴盪的寂寞，不是軀體的感受，而是內心深處的崎嶇。

孩子，我不只想當你的母親，更想成為你的朋友，在你不知對誰訴說的每一刻，我都在你的心裡，傾聽你真實的聲音。

　　看著你在鍵盤上敲擊你生命的音符，看著你舞動著自己的樂章，我不是在圓媽媽的夢想，而是在你學習奔跑前，我必須為你準備鞋襪，為你穿上，才不會扭傷了每一個接軌的縫隙。

　　每一個發生都是最好的發生，而我在所有的還沒發生前，都已做好準備，那是為了迎接更美好的發生。

　　我活在感覺裡，不願忽略每一刻當下的感受，然而總在痛了、傷了、血流不止了，才發現那是錯覺。我遊走在真實與虛幻的面對中，闖蕩在圓滿與破滅的一線中。沒有時，渴望；擁有了，卻立馬想逃離。

　　我一直在找可以真正懂我的人，然而不是似懂非懂，就是不懂裝懂。在那靈性的角落，永遠顯得空洞。

　　孩子，我可以懂你，也希望你懂自己，

　　在那還可以陪伴你的歲月裡，看著你在你自己的鋼琴上舞動芭蕾般的精彩絢麗。不在遺傳基因的缺憾裡，重蹈覆轍，迷失了自己。

❀ 外圓內方

錢，是那麼重要。在金牛座母親的薰陶中，錢的談論對我而言是那麼的自然，更是我責無旁貸的使命，連姓名綑綁的宿命，也是如此隱約而藏心。

朱門久肉臭，路有凍死骨。既然生於朱門，豈能辜負這個孕意之姓。享此祝福而不揮霍，依此天格而不逆行。

大珠小珠落玉盤，那是外圓而潤的響亮。

鈔票的亮麗誘人，那是內方四溢的芳香。

朱為圓，麗為心，芳乃蓬勃茂盛之良方。

朱麗芳，已然在爺爺命名的那一刻，吸納了宇宙最閃耀的能量。

錢，是物質與能量的轉換。善待祂，跟隨才是自然。尊敬祂，隨行方如輔弼。愛祂，才有反饋的力量。

高中我讀商科，大學我專研財務金融，連打工主體也是收銀臺，那是我與金錢培養感情的濫觴。正式踏入職場，我從沒離開銀行，因為那是錢的避風港，也是錢的暖房，更是錢財翻轉的殿堂。

理財專員，不論我冠上什麼頭銜，我始終明白，我是理專，我是麗芳幫你賺，那是我靈魂裡無法拋下的責任感。當你認識我，你不會再有錢財不知往哪放，希望永遠在水一方的感嘆，而是在保守的評估之中，穩穩向上堆疊。冷冷的鈔票也變得滾燙，如同北京奧運的經典標的，財源滾滾「水立方」。

財富不會憑空而來，你不理財，財必不理你，這是有來有往的情感交流，而不是生硬的貪婪掠奪。因為我們都清楚錢怎麼來，就怎麼去。

　　錢是理性的，卻也帶著感性，那是你必須認知的真理，然而卻
被大多數的人忽略了。財神喜對笑臉人，而你卻哭喪著臉。沒有
不景氣，只有不爭氣，你卻總是對錢發脾氣。錢是香的，你卻說
祂是臭的，這樣的侮辱誣衊，錢怎麼會喜歡你。

　　我，喜歡包紅包給我的家人、我的長輩，因為那是我最實際的
祝福與愛。我不膚淺，因為我總搶著付錢。錢的世界水很深，所
以我悠遊自在，而不浮潛。

　　我不言荒誕的無稽之談，不會給任何人泡沫般的幻想。錢是堆
疊出來的浩瀚，更是正確滾動的磅礴。在銀行理財的巨浪中翻騰
十餘載，我已摸透了錢財的身心靈，清楚了祂們的明白。

　　錢是水，水是財，我是雙魚在水快哉，更是讓你如魚得水的專
業軍師理財，不用奇門遁甲也能讓財水如洪奔來。

　　一朵朱紅照天際，麗財有芳非祕密。

❀ 導演

人生就像一場電影，劇本好像早在出生前就已經寫好。我們似乎照著編劇的意思，逐步在舞臺上展現，總是渾然忘我，忽略了攝影機的全記錄。

父母通常喜歡扮演導演的角色，卻忘了在這大舞臺上的自己也是個演員，有時演得很到位，有時卻又脫稿呈現，在看似規律的軌道上演繹著無常。

兒女彷若很聽從導演的指揮，被有心無心的氛圍裡隨波逐流，卻也總在青春蕩漾的時機點叛逆了起來。不再想於框架中桎梏，而是即使遍體鱗傷也期望有那新鮮的感覺。

傳說中的美好愛情在小說裡、電視上、電影中不斷催眠，於是人們前仆後繼在那渾沌不明、酣醉昏沉的浪潮中，待那醒來的傷痕纍纍。這是宿命的必然，就像幼年不知老，青壯不畏死期，夢境總令人嚮往而沉迷。

人不輕狂枉少年，似是而非的論點，卻是實際通俗的現象。而我也曾踏上這人云亦云的必然步履，感受那後悔莫及，待青春漸褪夏日炎炎之際，淚眼沸騰。

然而這就是緣分的曲折離奇，令人不勝唏噓，在我身為雙魚的習性中，矛盾而衝突。總在落入池中方知感受，在那逃離現場掙扎中，混濁的水已浸潤了軀體，在鱗片上紋上了難以淡化的記憶。

緣，是茫茫人海中的相遇，在生命中留下的軌跡。

分，是日復一日的生活，直到老了，依舊相知相惜。

在愛情的沼澤裡，我並不想醒來，卻也不願在那大旱乾涸之後，

奄奄一息。錯已經錯了，悔過也無法從新來過。對於未來，我格外珍惜。

在這 2017 接駁 2018 之際，是那天堂地獄的瞬間**翻攪**，是那食不知味的茫然無措，是那渴望重建的單純。**斷捨離**是那麼痛楚難言，但那回不去了的細膩篤定，已刻在細胞核裡。難忘的 2017 年 10 月 31 日，那是蒼天憐憫的安排，從不曾言語，到如同回家的安然，竟是幾個小時的**翻轉**。

那一天我才明白，電影劇本無法重寫，卻可巧妙改編。角色扮演無法替換，演出的精緻度卻可以自己展現。在我人生的電影裡，我是女主角，我不再逃避。最重要的是，我一定要導演我自己。

陳志豪

雙子座 B 型 5 號人

✵ 科技奶爸，綠葉也如花

我的爺爺是富豪，但我不是富三代，因為父親 18 歲時爺爺就走了。我的母親不是大家閨秀，卻從小讓我知書達禮。在父母陰陽兩極的教育中，我練就了中庸之道。

在人生的路上，我尚未成功，但在生命的每一步，我不算失敗，因為我清楚的走在自己勇敢設定的方向。

我愛我的老婆，即使我不是那麼可以面面俱到，但絕對可以感受我不曾鬆懈的厚實肩膀。我不是隨時在身旁的爸爸，但絕對是帶領孩子揮棒得分的最佳教練。

在事業上我可以扮演任何角色，因為我可以接受各種質變的鍵結變化。在生活中我可以不是領袖，卻必然是襯托家庭圓滿的關鍵枝椏。雖為綠葉，心也如花，為那整體芬芳熬秋冬，更為常青凍雙頰，樹卻已漸漸長大。

房貸業務是我的第一份工作，卻因為當年未婚時岳母的一席話：「業務嘴如花蕊，我怕女兒沒有安全感。」於是因為愛，我回歸本學，前進南科奇美，13 年的光景打造自己成了蓋工廠的專家。

我很自豪的說：

我是把筆桿子與螺絲起子，雙子合一的最佳才子。

我是把理論與實務，陰陽調和的最佳舵手。

我是把夢想與現實充分融合的最佳攪拌器。

我是把模型放大變成實體，大量普及的先驅。

我是把產能極大化的魔術師。

我是生產界開疆闢土時的先鋒大將軍。

但，那些日子，我與我的巢穴有著太遙遠的距離。

於是，輾轉於今，我從科技的硬漢，選擇蛻變成為可以顧及家庭的暖男，因為愛需要滋養，孩子的成長需要陪伴。正因為這樣的轉折歷程，我深知科技人為了經濟卻丟失了溫暖，在與機械互動的過程中，忽略了人與人之間的情感。

「穀豆元氣」的創造與推廣，正是為了我的孩子，重獲父愛的潤澤，不再是如同小牛一般的飼養。在愛屋及烏的催促中，我積極參與各種公益的活動。希望能將事業與志業結合，希望能將小孩與老人同步兼顧，平衡左右手的力度，承先啟後真正愛的傳承。

在 2「表達力」、6「影響力」、7「分析力」三個數字能量都具足的條件下，在言武門講師訓的微調中，我幸運的成為了「親子講座校園巡迴講師」的一員，這是主要由教育界退休的校長、主任、老師所組成的講師群，而我卻是唯一來自科技業，並且唯一的男性。我雀躍，我振奮，因為這是無比難得的機會與肯定。

我是科技奶爸，不是說我當宅男，在家看孩子餵奶。而是我深深感受科技人的無奈，願以這份愛同步散播到每一個家庭，讓孩子們擁有平衡的父母之愛，更有大地能量的灌溉。

✿ 我有近視，但我沒有短視近利

經驗就是老師，經驗就是財富，經驗就是生命堆疊的力度。十多年的蓋廠經驗，產能極大化、溝通極簡化的祕密，我想都在我的腦子裡。

奇美百人挖角名單，我理所當然的也被列入其一，優渥豐厚的利誘，我想很難不讓人心動。薪資數字不變，只是單位改變，從臺幣變成人民幣，年終獎金各項福利，那是有如龍捲風般的捲襲，但我放棄。

關羽自殺後被呂蒙斬下頭顱獻孫權，輾轉再贈曹操。曹操以香木補其身，依國葬大禮集文武百官為之祭祀，過程中說了一段感人肺腑的話：「你什麼都好，就是跟錯了主子，不為我所用，可惜。但是如果為我所用，我又可能瞧不起你。因為我最欣賞的就是你的忠義！」

這一段話影響我甚大，我尊重所有同事的選擇，在利欲之中選擇了實際。我不敢說自己能與關羽比擬，卻也期盼自己能尊己之念，順己之思，追隨忠義之羽翼，於是我放棄了將一年當五年用的誘惑，決定留在臺灣繼續努力。

百感交集之際，我申請調至新竹，離家近一些，天天通車往返竹南與臺北，卻也在一年後轉戰生醫業，回歸臺北。誰知又被派到屏東蓋工廠，一過又是三年，難道我註定要離鄉背井，顛沛流離嗎？

醞釀已久的創業之思維，終於在同事的熱情邀請下正式成型。這一刻，此起彼落的反對聲、噓聲、疑問聲充斥於雙耳，因為大

家不解為何每一次安定的優渥我不選，可以翻騰的機會我不要，偏偏要選擇一個未知的賭局。

其實，我只是順著自己內心深處的聲音，為自己做一個不讓自己後悔的選擇。因為我不希望再像一個機器人，成天只能對著機器說話。我不想再糟蹋自己的生命，卻丟掉了所有可以與家人共處的光陰。我不想在自己已經功成名就之後，孩子只是一個個長大的陌生人，我不想自己的血汗最後換來的除了錢，只剩淚滴。

是的，我很勇敢，這是 5 號人的倔強，卻也感激我的母親用淡淡的微笑告訴我：「孩子，這本來就是你應該走的路。」

我眼睛不大，但遮不住我的視野。我有近視，但我沒有短視近利。這是我下定決心後，給自己的第一帖安慰劑。

科技創業是我的機會，走回人群是我的機會，我知道很辛苦，但我找回了我丟失多年的東西，於是這一刻我毅然決然為自己下決定，不到斷氣，永不放棄。

你放棄機會的原因是不是因為沒錢，

但你看不懂機會又怎麼會有錢，

事有陰陽，能有先後，

有錢人之所以有錢，不是因為有錢把握機會，

而是想要有錢，所以珍惜機會，甚至創造機會。

一穴通，脈絡通。

你以為穴位在哪裡？就在陰陽交會處。

學習也得學習，機會也得機會，那就是翻盤的穴位。

看懂了，危險都創高點，

看不懂，巔峰也落死穴。

人多的地方，只是暫時的熱鬧，不一定是機會。

人少的路上，只是暫時的寂寞，卻總會有同伴。

人生的選擇，不該是譁眾取寵的潮流，而是已然清晰的遠見。

我佩服我自己，因為——

「我有近視，但我沒有短視近利！」

❀ 可以講究時，何必將就

可以講究時，何必將就。

可以選擇時，不要盲從。

可以善良時，切莫殘忍。

可以簡單時，請勿複雜。

我陳志豪，在 1977 年 6 月 20 日出生了，雙子座的幸運，讓我永遠有著新的創意，在 B 型豁達的血液上，醞釀放牧著億兆難載的菌種，堆疊著我人生的夢想山丘，如同牧羊人的勇敢，不怕餓狼的忌憚，因為我是 5 號牧菌人，只盼我的堅持與奮鬥，能夠攻下所有人們身心煎熬的難受。

我唸化學，深知化學的奇妙與傷痛，於是在科技交織的生活中，我開始探索。我在想，是要讓「假的真相」侵蝕我的理性，還是要用「真的假想」穿越我的感性？在真假之間，在理性與感性之間，我迷失了方向，卻在半夢半醒間，一個輕透的聲響敲碎了我的掙扎，我該順應良知的導向，前進踏實的山丘上，原來這座山

叫做「牧菌山丘」。

　　牛奶，從小以來似乎都是理所當然的營養補給品，不論電視廣告、報章雜誌，早已深植進入了咱們的潛意識。隨著資訊的引爆，慢慢的八卦延伸，名嘴的焚燒，確實也看到了越來越多負面的評價在繚繞。頓然驚覺那一種催眠式的美好，不是真相的報導。

　　既然是牛奶，那是給小牛成長的滋養，何必與禽獸爭食？莫非這是萬物之靈貪婪的智商，還是弱肉強食的理所應當。

　　然而衍生出來的問題超乎想像，網路隨便瀏覽都能驚嚇後滾翻。這時候我們才知道，原來人是人、牛是牛，不該吃什麼補什麼，補得遍體鱗傷。

　　可以講究時，何必將就。

　　若說要營養，我們可以直接從大地取糧，只要不是自作聰明的基因竄改，那麼還有什麼比大豆雜糧更理想？

　　可以選擇時，不必盲從。

　　若說要均衡，我們有那麼多神農本草的大自然，只要不是狂灑農藥的助長，那麼還有什麼比植物更貼近土地的心腸。

　　可以善良時，切莫殘忍。

　　若說物競天擇，我們的心是否也能順應上蒼的好生之德，何必多說那些裝聾作啞的偽善包裝。

　　可以簡單時，請勿複雜。

　　若說數大便是美，我們可以觀看草原田野豐收時的盛況，如此簡單的景象足以療傷。

　　2018 年，我起義，願所有的家庭都能以植物替代動物，以「穀豆元氣」充填生命的正氣。

穀舞幸運豆奶香，一元復始氣昂揚。

愛，是一種選擇，必須講究。

幸福，是一種善良，必須簡單。

✿ 視界食界十誡全世界

身為一個科技人，當時我是自豪的。自豪的不是奇美科技有多了不起，而是當時許文龍董事長帶給我的感動，因為那已經不是職業，而是使命感的事業。

奇美博物館是每個奇美人一定都會細細品味的地方，一次許董在展示他所收藏的小提琴時，說明了這些小提琴造價不斐，然而卻將提供給優秀的小提琴家帶去各國演奏。有人問了，這麼昂貴的樂器，您怎麼捨得呢？萬一弄壞了怎麼辦？

許董說：「就因為它的昂貴，更需要讓優秀的樂手演奏，沒有拉出感動的旋律，那麼只是朽木一堆。」

這樣的氣度，我敬佩。

奇美電的經營權已被取代，但是它的名號卻在所有人的心靈裡永遠存在。因為，許董說：「我開這工廠製作面板，不是為了賺錢，本來就打算賠錢，但是我們必須做點像樣的東西，讓世界看見。」

這樣的遠見，我震撼。

確實，這兩段深深影響我的思維，我們所打造的面板不是為了金錢，而是那片無法取代的「視界」。我們不是蒼蠅的蒼眼亂飛，

在那無法聚焦的侷限，而是如同蒼鷹騰空而上，讓那看不見的感動——呈現。

緣分已然，畫下的不是句點，而是心中永遠無法抹滅的驚嘆。我離開了面板的「視界」，前進科技食品業的「食界」。很多人覺得這產業也跨越得太遙遠，但我卻必須說明，**這是一樣的態度，我所奮鬥的就是那看不見的真善美。**我很自豪的說：「我沒有對不起我內心堅持的世界。」在每個環節，我如履薄冰、如臨深淵，踏著每一個石階，在即使別人瞧不起的角落，扛起那一份執著的內在十誡。

很辛苦，但不心苦，因為靈魂的使命，我沒有違背。

1. 不為利益，而傷天害理。
2. 不為短視，而偷工減料。
3. 不為賣相，而添加傷害。
4. 不為簡單，而毀滅良知。
5. 不為困難，而放棄理念。
6. 不為阻擋，而改變初衷。
7. 不為冷落，而失去熱情。
8. 不為虛名，而沽名釣譽。
9. 不為口號，而迷失真理。
10. 不為自己，而辜負世界。

這十誡看似不同，卻是殊途同歸。讓臺灣被看見不難，但是讓臺灣被看見後延伸敬佩，卻很難。

我們已經前進馬來西亞，我們已經邁入國際市場，我們還在墊著我們的步伐，用一瓶瓶鋼鐵般的「穀豆元氣」打造我們的士氣，

以「愛世界，為人類盡一分力」為名，從視界到食界，用十誠前進全世界。

我還沒成功，但我為我的堅持感動，我為我的理念與視野自豪，因為我是「陳志豪」。

陳腔濫調我不要

志如鴻鵠也自豪

❀ 卡農

過去我已習慣了嘈雜，習慣了機器，那是很死板的旋律。在「穀豆元氣」釀製的過程中，卻有另一番直衝雲霄的感動音符跨越天際，如同「卡農」般縈繞心底。

「卡農（Canon）」是一種曲式的名稱，是一種規律的複調音樂，而非單指某一個曲子。間隔數音節，不斷重複同一段旋律，一個聲部的曲調始終為另一個聲部所摹仿，嚴格的對位。如同恩愛的戀人，夫唱婦隨，婦吟夫和，因此經常被選為婚禮上的音樂。

這樣的曲式出現於13世紀，而一直到17世紀被帕赫貝爾（Johann Pachelbel）的D大調卡農所震撼，成為了最被歡迎的卡農曲子，延伸至今日。讓大家以為卡農就是那首耳熟能詳的曲子，可見帕赫貝爾的功力已經影響了三個多世紀的人們。這三百多年來，無數人被這個旋律所激勵與感動。

罐裝飲料不是現在才有，營養的訴求也不是現在才有，想被世

界看見，想拋離食安的困窘，想健康營養均衡，想深入每一個家庭，想取代牛奶的地位，想盛名超越可口可樂，都不是現在才有。

但只有「穀豆元氣」是科技奶爸恆久的呼籲，

只有「穀豆元氣」深入每一個校園，

只有「穀豆元氣」永遠燃燒著熱情，

只有「穀豆元氣」是這麼義無反顧，

只有「穀豆元氣」天天哼唱著快樂的旋律，

如同卡農一般的滲入人心。

穀豆元氣的真善美，以及科技安心獨特的味蕾，上網或臉書統統查得到。但這只是基本功，而最重要的是這是一瓶用愛醞釀的美味，每一個元素都來自農民奉獻的汗水，沒有基因改造的累贅，更沒有無所不用其極的行銷堆肥。

卡農，卡農，卡著農民原始的風味。

Canon, Canon，如同鏡頭捕捉的真情到位。

這樣的愛釀滋味，

必將贏得世界人心以及大眾的胃。

給自己一個機會，幸運再一杯。

葉綠子
射手座 O 型 5 號人

✿ 是的，這就是我的本名

　　我出生在珠海，戶籍在澳門，在父母擔任我生命中第一組貴人的狀態下，幸運的在青少年時期就累積了不少才藝。在南昌大學社會學系畢業後，回到了珠海，繼續幸運的擁有了美好的工作。在很短的時間內，我成為私人飛機俱樂部老闆最得力的左右手。很快速的我擁有了高度的視野，透析了國際觀，飛翔在少年得志的自我領空中，傲視群雄。

　　也在這個時期，學習了紅酒的相關專業，讓這門藝術在我的生命中陳釀囤積。不為紙醉金迷，卻也流淌於所謂上流社會，透亮著紅寶般的氣息。

　　到了澳門，我接觸房地產，天生具有的獨到嗅覺，我總能瞬間明白哪一個項目、哪一塊地、哪一個建案能夠大有可為，後勢可期。於是我為些許有緣的金主跨刀操盤，每每亮麗收場，賓主盡歡。

　　天無千日晴，花無百日紅。誤觸情感的地雷，總是女人最迷濛的宿命，瞬然我從高空隕落，醉癱在錯誤的愛的漩渦無法自拔，憂鬱盤繞。

　　這一刻，我看著自己的名字，葉綠子。

　　我應是葉綠素豐盈的花仙子，我應是滿山遍野奔放自在的孩子，我應是擁抱陽光行光合作用的綠色細胞。我，為什麼煩惱？

　　我開始深入大自然的精油，停止發酵，掌握著每一個活力當下，萃取那無可替代的青春樣貌，洗滌了過去，保留了期許，療癒了自己。

　　有時，你彷彿什麼都沒得到，內心卻無比快活。

　　有時，你似乎擁有了一切，空虛卻才開始探頭。

　　那是靈性深處的感受，豈是物質表像可訴說。

　　在根莖花草果葉皮脂心中禪定，在瑜珈中靜心，也在 2017 年的盛夏，我飛往臺北，拜師學藝。更在生命靈數，妙不可喻的排列組合中，紫微命盤的一目了然裡，我看見了我既定的天命。

　　那是一顆寰宇的種子，歸屬了大地，落入了寂靜，水滲的清醒，火蘊的爆發力，東風輕吹，已燃起。

　　那是穿梭重林的孤帆，在一抹陽光的體恤，生生不息。

　　那就是我的心中之所欲，讓愛傳出去。

　　沒錯，這是我的本名「葉綠子」。

綠野仙蹤

大江東去，浪濤盡，千古風流人物。

人生如夢，一尊還酹將月。

兩句念奴嬌片段，道盡蘇軾之懷古幽思。然，蘇東坡之所以是蘇東坡，名字也是經典如詩詞。

蘇杭美如畫，東浪如坡起，

一念暢古今，一香傳千里。

蘇東坡也是製香大師，其品香、用香之道亦堪稱佳話。從唐宋起，香之運用已不只於祭典、祈福，更已用於身心靈之調和，各種薰香、抹香之方式若雨後春筍般湧現。

陰陽之變化謂道，道法於自然。文人雅士，詩人騷客更整理為一套可複製傳承之方式，茶道、香道因應而生，再加上佛法東傳，禪理繚繞，香道已然自成一格為非宗教之道。

無論粉末製香、原木燃香，都是在火蘊之中而左右，卻也在時代轉換的過程中，化學物質與人造香料的蓬勃發展中，香已然不再純淨，不再是那麼的天然。

西風東吹，精油的薰、吸、抹、按、泡已迅速蔓延，卻也太多混淆視聽的魚目混珠。

於是我開始尋幽訪勝，找尋那夢中的味道，也親至臺灣參訪許宏師父的精油工廠，感動於真理的堅持，理解專業編織的自然之道。

這一路盡是綠野仙蹤之旅，在《奇異恩典（Amazing Grace）》的靈感中，誕生了我的品牌「Amazing Green」。

因為綠色正是我葉綠子的無限感激。

精油的芳香運用，薰、吸、抹、按、泡，我不曾在這些年缺席，教育訓練的傳承已是我責無旁貸的根基。更重要的 CIS 企業化識別，各種團隊、活動、表演所呈現的空間的氣息，我們都應該給予一個專屬的味道，在黎明的演唱會裡我已嗅到了契機，別人做不到的呈現與真實，我可以。

但，味道絕對不能來自化學，那將是迷亂靈性的詭異，雖然這是如香水如同革命般的艱辛，共鳴起義者寥寥無幾。

但為純正的香道，雖千萬人阻擋，吾往矣。

香道，是我追尋真理的前行之道，是我引導正念，前往幸福的快樂之道，奔跑於前、中、後的三調，穿越於固、液、氣三相，暢遊於海、陸、空三界。

陰陽相濟之檀香，扎根深土的岩蘭草，高聳參天的檜木，以這樣為基礎，那都是我低調泰然的沉靜，更是我淡然赤子餘韻的芳香。

香煙裊裊中，

葉綠子早已明白你心中渴望的味道，

在那綠野仙蹤的路上，不必尋找。

✿ 紅酒

任何一件事物，你用什麼態度看待它，那它就會是什麼，這也是心想事成、念力設定的原理。有人說，酒是穿腸毒藥，傷肝傷胃傷身體；也有人說，酒是瓊漿玉液，活絡氣血樂無比。我卻說，酒是生命的感激，是大地的情緒，更是時間釀造的文化，在那植物與土壤熱戀後衍生的氣質魅力。

白酒佐佳餚，紅酒奏旋律。比起白葡萄酒的透澈，我更愛那紅酒的大自然彩衣。如霓裳，如雲翼，竄流在滿滿淹沒的味蕾裡，感受那醇香，體悟那渾厚，品味那耐人尋味的細膩。

我們不是要炫耀那百年窖藏的奢華，而是想探索那如同人類生命的韻味沉積，在與超越時代變遷的空氣接觸，瞬間醒來歷史的記憶，每一口都是故事，每一滴都是感激。

紅酒若分男女，那有如《皇帝內經》所述，男命七七，四十九，女活八八，六十四。紅酒從釀造那刻起已然誕生，如人之命也有其壽。勿將孩提品房事，卻讓青春蕩漾來得及。

　　品味紅酒，切莫狂飲，

　　那是失去了敬意的褻瀆，何來奇遇之欣喜。

　　結緣紅酒，莫以金錢論高低，

　　那將如同物化女性的晦昧，豈有愛戀溫馨可回憶。

　　兩眼杯中望，一口凝鼻息，

　　合目滲齒牙，入臟奔軀體。

　　歐莊柏翠絲，千里也傳遞，

　　情釀數十載，半百再相惜。

沒有你，我聽不到維也納的歌劇，

沒有你，我看不到塞那河的四季。

葉問詠春田園戲

綠野仙蹤子時覓

只為愛你

✿ 明珠出海

　　我愛海，不只是喜歡，不只是因為我出生於珠海，更因為在我的生命藍圖裡，我要的不只是所謂的策略藍海，而是經典的明珠出海。

　　喜歡那穿越靈性的遨遊，時而波浪衝向天際，時而深入海底，在那乏人問津的流域，傾聽珊瑚的細語，撫慰千年礁石的沉寂。

　　海的舒暢，我喜歡。海的遼闊，我著迷。海的神祕，是我對世界永遠愛戀的祕密，因為我相信每一朵浪花裡都有驚喜。整個中國的海岸線，每一處都是那麼的不同，如同一尊亮眼女神的軀體，從髮絲、肩頸、玉臂、胸懷、腰際、臀腿、足膝，那是我探索生命價值的思緒，那綿長的海岸線豔麗而崎嶇，正呼應著生命輾轉的自然軌跡。

　　心靈如海，於是我聽海。浪若天語，所以我尋覓。海是自由，海是勇氣，海是療癒，海是記憶，海是包容，海是智慧，海是愛的最好比喻。別說海無根，那是扎在岩石也呼吸的積極，別說海無土地，那是往下探測，更接近土地心臟的肉體。

　　別說海無情，吞噬了生命，其實那只是偶爾給予人類囂張理所當然的教育訓練而已。河海不拒細流，沒有這樣的包容力，何來超越陸地的生命力，何來消化人類垃圾的囤積，何來珠江三角的燦爛無比。

　　海，偶爾會生氣。那是因為人們肆無忌憚的打擊，更是緣起人們狂妄自大的三高而已，重重的汙染有如膽固醇，層層的濫捕失衡有如高血糖，不斷升高的海平面有如高血壓。

人說你的心情，水知道。但海的心情，幾個人知道。

在南昌大學社工就讀時，我發起了一個很有意義的活動，就是實際募集物資到周邊落後的村落關心，並且給予窮困子弟免費的輔導教育，這樣的舉動引來了媒體注意，名躁一時，但我並不竊喜。而是希望這樣本來就應該做的本分能夠有感染力，在莘莘學子知識成長的過程中，也不忘為社會略盡可為可行之棉薄之力，並且如大海的愛無限延續。

莫讓大海淚狂起

且讓蒼生無悲泣

誰都可望海闊天空的萬裡無雲，我更期盼每個人的生命，都能如紫微斗數盤中的明珠出海格，旭日已東昇，喜月浩空明。

✿ 城市少女

　　1985 年 11 月 25 日的 O 型射手座，熱情勇敢的 5 號人，外在獨立內在有規矩的 14/5。

　　穿梭在華人世界的無數個城市，我隨遇而安，隨喜而居，品味著每一片土地的芬芳，不拘泥於都市建築的圍欄，鍛鍊著房地產氣息的敏銳度，精準而無迷惘。雖說 5 是勇氣，3 個 5 難免衝動，而我卻也善用 5 的力量。「8 是財，5 是庫」，當那不動產牢靠的庫房。

　　出生地、求學地、發展地，是我的三地，而這三地如同我生命珍珠閃亮的源頭，沖刷著歷練的淤泥，恰似而今的繁華珠江三角洲。

　　隨著歷史的變遷，珠江三角洲的城市應該這麼說，是由 11 座大城所建構的「南大門」，廣州、深圳、佛山、東莞、中山、珠海、惠州、江門、肇慶、香港、澳門，這是我的出生地，也是目前的發展地。

　　南昌大學是我的母校，於是南昌貧富懸殊的差異，更觸動著我社工靈魂的神經元，燃起希望能夠繁榮於周邊般的救贖。而同緯度的武漢卻是截然不同的景象，這也是因為環境風氣所使然，一個臥虎藏龍而不翻騰，一個力爭上游而躍豪門，儼然形成了一種槓桿的失衡。

　　上海的內外交融人文底蘊堪稱國冠，北京的古味繞樑也讓人感受帝都的氣宇軒昂。

　　對應回三角洲，我更喜歡珠海的溫暖，是值得推薦的度假天堂。

　　賭城澳門看似豪放，卻是保守封閉的淺灣，在賭牌代幣的堆疊下，建構了與海爭地的勇敢，而那跨海大橋是我第一次近距離穿越海洋的地方。

　　香港的悠遠歷史，曾經是那日不落的一角，在寸土寸金的土地上勤奮的拚搏，包容著世界各地的五顏六色，燦爛了維多利亞港。

　　珠江三角洲每一座城市的泥土，我都珍藏，因為我深刻明白想要在這些地方發展，理解房地產的脈動，那麼就必須深度體悟土壤的脈搏，還有人們在土地上穿梭呼吸時心中真正所想。

　　東南亞是異國文化穿揚的彼岸，馬來西亞、新加坡、越南，每個國度、每處街頭巷尾的人文氣息，都讓我深刻感受到別樣的靈感，共振這座城市的胸膛。

　　若問我最感覺放鬆良好的地方，不得不讚揚臺灣，因為那是每當我疲憊倦然時的最響往，不是因為興奮，而是這裡完全放鬆了我的緊繃，療癒了我的六腑五臟。

賀寶萱
牡羊座 A 型 5 號人

✿ 第 5 元素

1979 年 3 月 30 日我出生了，不論是農曆、陽曆，我都是標準的 32/5，5 號人。屬羊，又是牡羊，A 型。

13579 為陽，2468 為陰，於是我的陽剛之氣太旺，陽性數字全有而茂盛，468 皆缺而獨顯 2。可謂眾綠之中一抹朱紅，也可說是陽光於外，內顯柔。

3 的能量最強，於是在 123、159、357 三條大連線中，123 最為凸顯，於是美麗的藝術與我結下了不解之緣。357 讓我走到哪裡都有好朋友，159 是我真正的執行力，不畏艱難、不計成本，堅持到底。

48 隱性連線，憑感覺做事。68 隱性連線，真誠實在。

然而愛好自由的 5 似乎才是我根本的靈魂。於是從小到大，5 這個數字永遠在我的生命裡出現，在我的細胞中跳動，在我的思維中萌芽。

小學、中學的學號都是 5，每天睡 5 小時，小學 5 年級開始當家教賺錢。長大後接觸五行八字，跑遍了 50 個城市，舞動著雙手，美化著絢麗的容貌。而今我的目標就是每月的收入從 50 萬臺幣變成 50 萬人民幣，50 萬美金，50 萬歐元，然後駐足 50 個國度。

5 是我的最愛，因為 5 是財庫，5 是中土，5 是戰鬥，5 是勇氣，5 是改變生命軌跡的必經之地。

5 是我的最大缺點，因為 5 給了我衝動，於是助長了牡羊的火羊之爆怒，燃燒著全身的毛髮，遍體鱗傷後方驚覺，白羊之可愛已然無存。只剩自己舔噬傷口，孤獨療癒。

5 卻也是我的最大優點，因為勇敢，所以無所畏懼。如同戰士，跑到哪裡活在哪裡。如同逐水草而居的牧羊人，走到哪裡，哪裡都是根據地，都是落腳的家園。

我如斷了線的風箏，忘了累與休息。我如奔騰的野馬，馬不停蹄。我是沒有腳的小鳥，持續飛行。我無法回頭，只剩丁點的回憶，偶爾點綴沉靜的夜裡。因為我是真的活在當下的那種人，不在乎過去，只珍惜現在，然後打造著未來。

我獨缺 468，因此年輕時都在投資自己，打造自己的能力。沒有 4 的安全感，沒有 6 的療癒力，沒有 8 的金錢觀念。於是在歲月的累積中成長，積蓄自己的戰鬥力。獨缺 468，晚年一定發。

在第 5 元素的薰蒸中，持續改變著，持續學習著，只為了遇見更好的自己。

❀ 數字與八字

外顯的美學是我短兵交接，舞刀弄劍的吃飯工具，那是看得見的影響力。面相學的解析，那是容貌風水的專業服務。

數字與八字卻更是從靈魂狀態切入的最佳角度。無需文字層巒疊萃，也能輕鬆看透一個人內外在、特質與習性。進而明白了摒除隔閡的方式，拉近了彼此的距離，瞬間提高了熱度。除非你離群獨居，否則不懂八字也得明數字。

八字有四柱，出生年月日時形成了四根支柱，支撐著生命的緣起與方向。年月日時各有其天干地支，4乘2得8，故稱八字。每兩字都能看出蛛絲馬跡，這是八字學迷人之處。只是若無完整數據，無法窺視全貌，要運用八字來解析，更需彼此信任度的提升。

而數字的奧妙在言武門系統裡，我全然的學習，每隔一陣子就會溫故知新，只有1－9九個元素卻能穿越時空，一目了然一個人的個性，鏈接古今中外，堪稱傳奇。聽過了各種數字學的論點，看似大同小異，卻沒有任何一個理論能夠如同言武門生命靈數這般透澈而客觀，簡單卻細膩。

在與師父許宏學習的日子裡，講師訓練、文字道特訓、療癒天使心靈課程、言武門生命靈數，從不缺席。因為這是我頸部以上的腦子、骨子以內的靈魂所必須滋養的能量補給。

此刻正是我流年走5的時刻，我鼓起了勇氣全然學習，改變自己，那是一股絕地逢生的契機，那是一種破釜沉舟的決心，那是一種寧可壯烈犧牲也不願苟且度日。也在此刻我奔忙於兩岸三地，一站接著一站的精雕細琢，一場接著一場的光榮戰役。

　　我很感恩蔡明秀老師在眉眼唇專業紋繡上對我的重點栽培，給我閃耀而日益茁壯的舞臺，在那奉獻與耐心的根基裡，秉持著有捨才有得的思維，這一刻的我大躍進。

　　我同步感恩師父許宏在我人生盲目前行、心靈無所依附的階段裡，給予我紮實的鼓勵。讓瞎忙的世界找到重心，讓舞臺上的怯懦找到了支柱，那一刻我真心愛上了舞臺。

　　不再是弱不禁風的飄蕩，而是優雅自若的處之泰然。那一種內外兼備的踏實，我感謝這兩位恩人，也感謝我自己的勇敢與願意。

　　5 號人在流年走 5 蛻變了，在走 6 時扛起了重任，在走 7 的時候迎接了幸運。在流年走 8 的 2018 年，我重整著這七年累積的能量，在這一年揮灑亮麗，與有緣的夥伴共造奇蹟，譜下一曲「無限可能」的輝煌。

❀ 面相

「人不可貌相。」這句話是錯的,因為人的一切皆可貌相,只是你要從細微處看起,並且窺視全貌。

面相是最容易看出端倪的外在,不必摸、不必近距離接觸,而是放眼望去已然理解。

相由心生,這句話對一半,因為相乃因果所生,而心所生正是運之變化。如同即使並不美觀的長相,卻也因為良善的笑容,慈眉善目的加持,美麗已經擴散。

心由相生,這句你沒聽過,但卻也是硬道理。相貌會引起人的自信與自卑,當然也包含快樂與傷心,因此讓自己變美麗,卻也是調理身心靈的重點項目。

但相貌別整形,只要是皮開肉綻、縫縫補補、取出或注射,那都是違反自然之法,對於相貌而言已然破相,對於運勢來說只有阻擋切斷。除非那是為了拯救的傷,不在討論的範圍。

面相只能調整,不能改造。調整可藉由美容保養品與手法提拉撥筋,透過正確安全的保養方式內外整合。更可以在視覺上有個半永久的長期修飾,外型觀感產生了關鍵性的變化,心境也將翻騰了起來。

眉、眼、唇是不可分的精氣神,拆開與整合都有其階段性的代表。眉不可斷,此乃運之行。眼不可亂,此乃魂之牽。唇不可蒼,任督所交會。

沒有醜女人,只有懶女人,這句話又是對一半。美醜有其天生,有其裝扮,有其心念,有其角度。懶有時是自然,有時更是見仁

見智的思維之框。說人懶，比說人醜更傷。在我看來，醜不是罪，懶也不是犯。

美醜之論，必須自己喜歡，眾眼共賞。蘭不豔，軒不煩，蘭軒美學從不厭煩，打造你的天然，迴盪你的美感。即時你懶，也讓你美麗非凡。

美學是藝術，那是寰宇共振的希望。天地不會希望你醜，千萬別臭著一張臉，自我調侃與哀傷。

紋繡不是標新立異的刺青記錄，而是對眾生有眼皆歡暢的敬重。順舒著他人的視覺，平反了自己的落寞。就像國王的衣裳，穿上了自己爽。

女人別為悅己者容，別在流行的步道上奔忙。尋找著日月星辰共振的感官，亮麗著如同嬰孩問世的渾然天成。美，真的不難。蘭軒為你補妝，補上你失落已久的喜樂，填滿你空洞已久的自信。

我是賀寶萱，不是變形金剛，卻是你生命價值重建的良伴。蘭軒奔騰，夢想著妝。

❀ 蘭軒美學

梅蘭竹菊各有其優雅，鐘鼎山林各有其天性，而我偏愛蘭花，因為那種超越視覺與嗅覺的感受，呈現一股仙氣十足的靈性之美。

生命的靈性之美在於前進時的綻放，不論先來後到，美與麗的呈現不分軒輊。在那帷幕裡悄然蛻變，在那長廊中翩翩起舞。蘭軒美學正是那內外兼具的通透，畫龍點睛的細膩。

這是我集 40 年光景所累積的涵養與經驗，期盼在這不惑之年能夠開始傳承之心念。樣貌的呈現是一種事實勝於雄辯的真實畫面，我至今看來仍然數字打六折，這是學生們寵愛的誇耀，但我欣然接受，與真相並無違和。

38 歲時 38 公斤，40 歲時 40 公斤，這是我能忍受的極限，因為這是輕盈處處沒有負擔的快感，更是我對自己體態的基本要求。

言教不如身教，所有傳承的一切，我一定具備。而這樣的美，我不能獨享，而是必須複製。但在模仿複製中，不能忽略個性化的特點，於是變化與創造就是重點。

你不滿意的一切，可以放心交給我，我將勾勒你經典的呈現。從頭到腳由內而外的全方位管理，那是一門學問。眉眼唇的刻劃著色，那更是關鍵。從數字八字面相的三層解析，已然令你蛻變。

你的毫無自信，你的悔不當初，我都能精雕細琢重新組裝，還你一個本來就屬於你的美。

不要整形，不要舞刀弄劍，不要打針削骨，不要把美醜當成醫院的科別。因為美麗是藝術，不是手術。美學是技術，不是魔術。填充造假我不會，顛倒是非我不能。我只願意給你一個踏實心安

自在快樂的天然之美。

　　只是美化了視覺，顛覆了錯覺，給你萱草般的希望，給你軒進中的昂然，走到哪裡美到哪裡，淡雅而芬芳的蘭軒之美。

　　美，是眾人的渴望。美，是萬物的方向。美，已然是我的責任。

　　我想改變這世界的醜陋，我想打倒這天下的不快樂。然而獨臂難扛江山，孤軍難以奮戰。我這麼期待著，願你與我一起努力，加盟我的團隊，共贏蘭軒美學，前進每一個需要美的角落。

　　萌生之愛，夢已成真。

❀ 真正的自由

5 是自由，不是迷惘。5 是勇敢，更是奮戰。5 是改變，更是居安思維的開創。自由，就必須從內到外，從上到下的全然，包含經濟也得自由。

我有孩子，是個男孩，長相如其父親的帥氣，個性如同我的衝勁。獨立的外在 1，靈性的內在 7，堪稱完美的 8 號人。我從小不愛人管，於是在基本的人性道德規範外，我完全採取自由發展的學習成長，因為我相信我的孩子，並且給予高度的自由空間。

女僕與女王的差異其實不是在個性與命運，而是那真正自由的經濟。

成功與失敗常常也不是抽象的定義，而是經濟的寬廣度是否游刃有餘。

789 貴人線的存在與否，有時也不一定左右了幸運。因為貴人太多、太強大，反而凸顯了自己的無能與懦弱。於是貴人線有時卻形成了懶人、賤人，甚至廢人，甚至不小心成為犯人。

於是自由除了身體與思維以外，最重要的其實是經濟的自由。聽起來銅臭味好像很重，其實這是最真切誠實的表述。

我把孩子當成寶，這是身為母親的自然。但我絕對不會讓我的孩子成為媽寶，無關男女。

唯獨自己有供應自己所需的能力，才能夠不被人貶低、瞧不起。這無關出生的背景貧富，更無關嫁娶的高低。當無常來臨，金山銀山都會倒，誰能當你之靠山？

人們常喊著自由，卻沒有為自己的自由負責，濫用了自由，玷

汙了自由，無限放大了自由。自由的定義，應該是在基本的規則內，盡己所能，取己所需。自己所要的自己賺取，而非其他管道。當你要什麼，自己都能創造，那麼就是真正自由了。

　　自由，自由，自己所欲，由己所造，這是我對自由的根本定義。

從小學 5 年級開始，這已然是我活著的基本定律。寧可給予，不願索取。

　　我所創造的「蘭軒美學」就是在這樣的思維裡崛起。

　　賀，加貝，就是感覺不夠，加薪自己來。

　　寶，滿屋玉罐，盡是財富，堆積自己來。

　　萱，誼，瑄，軒，炫亮生命，幸運忘憂也是自己來。

　　當每個人都有緣起自己的奉獻心、學習心、成長心、幫助心，愛你所愛之心，心想之事必成，這樣的心想事成才是真正的自由。

尹睿好
巨蟹座 A 型 6 號人

✿ 尹山尹水尹天下

尹山尹水尹天下

尹智尹美尹睿好

尹是治理，睿是智慧，好是美麗。我的山、我的水、我的世界，就是我的天下。天下之大，我只專注在一件事，治理我的腦袋、我的美麗。從外而內、從內而外，內外平衡的中庸智慧之美，就是我 2017 年開始努力的方向。於是我將我的名字「飛」改成了「睿好」，不再如燕雀忙碌飛舞，而習鴻鵠內斂其光芒，韻智而自然柔妝。

1988 年 7 月 9 日，我出生在國境之南，雲南錫都箇舊，給了自己一個錫亮的外表，也添上了不被氧化的固執守舊，似乎是出生的空間帶來的宿命，卻也在 2017 年拜師學藝後，方知此乃時間即可看出的習性。

42/6 的 6 號人，這是看似固執卻內在反覆的戀人，我把我的生命能量都奉獻在我的愛，親親而仁民，仁民而愛物，於是我選擇進入了醫療產業，埋身為護理人員，一幹已是十年。

在這雲貴高原上，我以為我擁有廣大的視野，誰知我缺了 3 的能量，少了創意無限。在這瀾滄江的奔流中，我以為早已激盪了我的勇敢，其實我多年來總少了突破性的扭轉。直到今年流年走 7 接 8，開始執行了我的夢想，即使知道前方有激浪，我依然奮力翻

轉，因為我知道穿越重林後，必見陽光。

在人生的道路上，再有個性，也需有明燈導航。那一年在昆明習茶道的那些夜晚，蕭悅如太后般氣勢與影響力，令我嚮往。今年我又再次見識了蕭悅的蛻變，如同普洱靜止的發酵一般，我震撼。2017 年 5 月我隻身飛往北京，拜見許宏師父，從表達力訓練開始，6 月生命靈數，10 月紫微斗數，開始淬鍊我自己，因為我也想要不一樣，不讓青澀繼續蒼鬱於高山，而是撞擊陽光後的璀璨。

在我的內心深處有一個祕境，那是高廣大的滇池，那是可爭雌雄的洱海。而我多年來卻讓它沉澱若死溏，見不著熬煮陳年普洱的濃郁與芬芳。

於是我排除萬難，也要給自己活絡五臟六腑，再度充實自己，真正改造自己，不為那危機四伏的邊境，卻更為那燦爛自己的孔雀舞。

✿ 十年寒床

十年寒窗無人問，一舉成名天下知。這是過去科舉制度的現象，也造就「萬般皆下品，唯有讀書高」的亂象。

爾後伴君如伴虎，官官相護中迷失了自己，造就了貪婪的野心。卻也在無奈中、偶發事件，發放邊疆，顛沛流離，終日哀嘆，遙望京城而感傷。

這是自古不斷重演的戲碼，看得很累、很無趣。在更多詩詞中，見到的不是激勵人心的文字，而是無病呻吟的感傷，彷若這些流傳千古的吟唱，都必須是失志後才能成為絕響。恰似所有酒杯，都必須裝載滿懷的惆悵。讓人不禁懷疑，莫非讀書人所讀的都是陷己於不義的方向。

書中自有顏如玉，書中自有黃金屋，打動的是物質欲望的迷惘，而不是智慧開啟的濫觴。讓人真正明白了「盡信書不如無書」。

我喜歡靜靜的看書，看得深入，不是為了功名，不是為了在世上與人一較長短，因為我知道那會讓人遍體鱗傷，那會到頭來只顯腦殘。

在醫院工作十年了，九年都在急診室。每天搶救著無可奈何的病患，每天面對著無助仰望，每天邊緣著生死交關。看久了，不是麻木了，而是產生了更多的反思與內觀。

為何人總要讓自己陷入危險的邊緣、急難的泥沼，才知道拯救自己。為何人不在健康未病的狀態中，減少可能手足無措的煩惱，上醫治未病，而非病急亂投醫。

我確實在很多的夜晚，忙碌之中經常的眼前片段，那種血肉模

糊的景象，讓我思考著人生的方向。十年不是寒窗，而是寒床。不是乏人問津的病床，而是每一張床都應接不暇，人滿為患。一張張床，躺過的人很多，死過的人也不少，那是多少人一輩子睡過的最後一張床。

　　於是我開始學習，希望在快速救急的西醫系統中，找到可以平衡的機制，那無非是中醫根本傳承的真諦。沒有西醫，很多急症與感染病很難治癒，但若失了養生的中醫之道，卻也將打亂了身體五行平衡、陰陽調和的根基。於是，我有一個夢，希望讓自己能中西合璧，先救自己、救親人，再救有緣人。

　　我渴望人人皆懂養生，我渴望眾人逢病皆得良醫。我不敢說地獄不空誓不成佛，但我真的希望世間人再無病痛，死也死在自己的臥房，微笑離開自己平常睡的床。

　　急診室，門可羅雀，那是幸福。

　　病床上，不再有人，那是輝煌。

❀ 穿山甲

故鄉的原始是都市人嚮往的夢境，卻不會是人們喜歡長期生活的環境，因為那是細說不完的艱難。

若說那是沒有汙染的世外桃源，不如說那是資源訊息到達不了的落後，叢林瘴氣皆圍繞，魑魅魍魎盡比鄰。只有兩腿可前進，那是山路陡峭的崎嶇，車子是還得翻山越嶺方能見著的東西。

院子有水池，下雨是黃的，那算是新鮮的甘霖。無雨是黑的，那是池壁與塵埃結晶後的混濁。有時是綠的，那是苔蘚繁殖的盛況。喝的水，那必須下山扛起，如同武俠小說裡小沙彌練功的場景。也因為這樣的窘境，對於一切能擁有的人事物，我們都格外珍惜。

上學，那是九彎十八拐的努力。雨天泥濘，熱天塵起漫天際。在那沒有欄杆的邊緣路，山谷底隨時是我們的葬身地。

這樣的荒蕪，為何先人會聚集，還不是為了那礦產的豐腴，錫鉛銅鋁埋滿地，要說是挖寶，不如說是挖掘對於未來的期許，探索一切可能的奇蹟，而生命就在這樣渴望中延續、生根了。

初中畢業了，進到城市，就讀紅河衛校，那是我首次離鄉背井，雖說孤寂，卻也是真正開拓屬於自己的根據地，因為我知道青春不能埋在山裡。

表達力在我的生命靈數裡並不欠缺，但我卻毫無學習與練就的功力，不是只有我如此，而是整個家族整個村子都如此，那是無須修飾，不必典雅的蠻荒地，引吭高歌空谷回，喃喃自語百鳥鳴。

我多麼希望翻轉自己的未來，於是我奮力學習。我不想當那

無人問津的礦石，更不想成為無人探訪的山澗野花。我想被發現，不願被淹沒，於是我穿梭在曾經自得其樂的懸崖絕壁，豎起我的毛髮，開鑿我的希望，就像那穿山甲，離開了山林爭取另一種空氣。

❀ 野馬桑

城裡的遊戲我不懂，山裡的玩具很天然，於是不論動物、植物、礦物，都是我們一起同樂的對象。在一次與哥哥採野果的過程中，哥哥個子高，吃的是高樹上的果實，我嬌小必然是矮樹上的亮點。

野馬桑的果子很好吃，我吃多了，然後昏倒在奶奶的家門口。奶奶立即為我催吐然後送醫院，住院好久。原來野馬桑可以是外用藥物，內服卻是劇毒，別人吃沒事，我身子虛，吃了就中毒了，這是病從口入的第一次深刻體驗。

野馬桑有很多美麗的名字，醉魚兒、鬧魚兒、四聯樹、黑果果、黑龍鬚、千年紅，誰知是藥更是毒。這一刻我深明知識貧乏的危險，埋下了求知的種子，也算是《中藥學》、《本草綱目》、《神農本草經》的啟蒙。

在西醫的路上我已走了十年，卻也沒辦法根治我痛經的翻攪，我明白這是「有一好，沒兩好」的先進，卻也開始反思中醫古法的真諦，我陸續開啟了再學習的大門，期盼有朝一日能夠將中西合併的結晶帶回故里。

爸爸、哥哥在山裡與礦為伍，媽媽在巔上菜果扛起，生活就是這樣的單純，溝通卻少了能力。當我一個人在城裡孤寂學習，回家卻也不知如何表達思念的情緒，那是多麼黑白蒼涼的畫面。於是我也開始練就傳達內心的聲音，在每一次可以闡述時我珍惜，因為我真的想對你們說：「我愛你。」

紫微斗數裡，七殺坐命的我，顯而易見我的倔強與勇敢，將在外君命有所不受的奔騰，那是一種目標使然的堅定。每一項專業

追尋與生根，我很幸運的都是我自己所選擇，這種很多富家子弟所無法感受的自由，卻是我用寂寞換來的不得已。

早、中、晚三班輪的醫院工作，寒氣深沉，我怕我身子抗不住，早已想著轉換跑道的時機，因為轉彎不容易，換路也可以。卻在師父清晰的引導中，我理解了那也必須要有無縫接軌的準備，別把一切的累積都浪費，於是我先繼續學習，為軌道打地基。

2017 年我結婚了，我感激疼惜我的夫婿，在打造道路工程中，也為我開闢了前往幸福的高速公路。我未來的孩子，我期盼你是男孩，不是為了傳宗接代，而是遺傳基因，我不願女兒再染痛經之苦。

> 我如野馬在狂奔，
> 不再回首滄桑痕，
> 夢裡恍若醉魚兒，
> 千年紅裡也翻騰。

❀ 鍛燒我自己

我有著尚未燒灼的淘氣，因此對於陶器有著情有獨鍾的眷戀。中國的四大名陶都逃不出我愛慕的天羅地網，而那寵愛之最當然是雲南的「建水紫陶」，那燒陶的過程令我著迷。

建水的陶土富含鐵質，於是製作出來的器皿有別於所有其他地方的陶器。那股如同鋼鐵般的渾厚，更有如刀劍般的鏗鏘有力，置一壺如屠龍刀，釀一杯若倚天劍。

電燒與氣燒當然能夠產生穩定的成果，因為那是溫度與火候的精密控制，卻無法恰若古法的柴燒，添加那麼點天意，也鍛鍊出了那麼點神韻，那是獨一無二的呈現，更是舉世無雙的美，於是我的最愛已經出現。

柴燒，如同真實生命的孕育，看似粗糙，卻是毛孔靈活的透氣，不阻擋每一口延續生命的呼吸，那一種活的感覺，那一種不盡完美的美，對我而言才是真正的美。

建水的陶土有著青、紅、黃、白、紫五色，在各種配搭的模式都能達成五行平衡的嫵媚。

木生火，於是柴燒是真正的木生之火。

火生土，於是柴火給了陶土生命力。

土生金，在不打磨，不填刻的狀態下，金屬光澤自然閃耀。

金生水，在通透呼吸的陶土細胞上，水的心情格外亮麗。

正因為這樣的中庸之道，就因為這樣的五行平衡，柴燒建水紫陶所泡出來的茶，每一壺都是快樂的凝聚，每一口都是回韻無窮的瓊漿玉液。

　　陶之美，應該是那渾然而成的天時地利人和，缺一不可。在每一個不確定的因素中，承接著天意的恰到好處。柴燒的溫度如同人生一步一腳印的路，悲歡離合，喜怒哀樂，生老病死，在無法控制中盡量不偏離軌跡，盡量不過頭。於是只能在自己的心念中控制火候。

　　我的淘氣尚未燒盡，於是我還在加溫，還在添補柴火。我對自己還不滿意，卻也知道那骨子裡的質地是那麼細膩，於是我必須鍛鍊自己，讓自己的未來無懈可擊。

　　我如建水紫陶，那是地北天南之天語，那是坎北離南的雲端。

　　我有淘氣已鍛燒，正釀普洱非煎熬，

　　如果雲知道，南風也驕傲。

　　我來自中國雲南！我是「尹睿好」。

呂采瑄
天蠍座 O 型 6 號人

新鮮度

其實,我從不缺錢,這樣的福報,我很感恩。但這並沒有讓我成為貴人滿屋的廢人,因為我要的一切,我要自己爭取,我要的空氣,我自己呼吸。所有別人給我的,我很感激,但總是覺得沒有任何成就感,沒有任何新鮮度,我會膩。

老爸與老媽都是金牛座,所以對金錢的敏銳度與創造力都堪稱一流。他們在板橋從事食品加工業,說出來嚇死你,他們是做「白粉」的!將各種麵粉、番薯粉、食用粉,從單方變成複方,讓各種粉圓、油炸粉都能呈現各種優質的口感,堪稱一絕。

在五十年前就已經有了自己品牌的觀念,將這樣的粉絲遍灑全臺,所有南北貨市集、攤販都會用到我們家的材料,但,這白粉不是海洛英,而是白手起家的魔術之粉。

國小我就會幫忙加工,國一就自己外出打工,並獲得父母允諾,因為這是嘗試為自己努力的感受。我喜歡新鮮感,不喜歡膩的感覺。我喜歡自由,不喜歡被圈禁的感受。因為我有一個永遠長不大的靈魂,即使已經是四個孩子的媽,卻像是他們的同學一樣。

對同一件事,我容易疲倦,因此我有著永遠停不了的創造欲,想為自己留點歷史,想為自己建構完全屬於自己的事蹟,不是誰給我什麼,而是我送了自己什麼禮物。

在澳洲,我喜歡極了騎馬的駕馭,因為那不是牽著韁繩的繞圈

子，而是在草原上奔馳的豪邁。在日本，我喜歡浮潛的放縱，卻也怕著那深不見底的深淵。

28 歲開始創業，延續至今不曾真正斷線的美甲事業，卻也在丙酮等有機溶劑的薰蒸中，我跨足了美容。從批發、教育、沙龍，到前進大陸深耕的傳承，我似乎找到了我的成就感，尤其是當我將英語、日語的能力派上用場的時候，我突然發現所學的一切從來不曾把我放棄，而是我淡忘的忽略。

前進內地，那是家庭革命的血淚，沒有任何人支持，沒有任何丁點鼓舞的力量，只有 30 公斤的行李箱，隨著疲憊的步伐飄蕩。第五年，愛人單眼小中風了，我回歸身旁，因為這是為人妻子最基本的陪伴，願夫君能在沒人看得見的壓力中找回健康。誰知老公竟然告訴我：「為了你夢想，我願意放手讓你飛翔。」我淚崩，感激這份愛的力量與體諒。

人們把自己弄得像機械，稱之為效率。

又把機械弄得像個人，稱之為科技。

但這樣的效率與科技，都丟失靈魂。

我沒想要做什麼偉大的事，卻也想要在自己還新鮮時，創造價值的新鮮度，不怕流汗，只怕遺憾。

❀ 三文四語

要形容我自己，那可不是三言兩語可清晰，於是我精練於三文四語，中文、英文、日文，國語、臺語、英語、日語。

1976 年 11 月 17 日，天蠍 33/6 的 6 號人，永遠的孩子，永遠愛著自己所愛的人，369 連線再加上兩個 7，於是智慧的思考在我的靈魂裡，本來就是基本盤而已。258 全缺，於是看似冷漠時的我，其實依舊運轉著熱情，那是在角落求生的內斂，卻包不住不按牌理出牌的孩子氣，在早已稻穗滿園的田裡，找尋屬於我自己的那一株稻苗，因為我要的不是別人的安排，而是決定自己的那一種快感。

呂布赤兔狂奔馳

采風揚塵踏玉瑄

其實，不熟的人，我懶得說話，那是很自然的自我隔離。在國中一年級英文老師處理不當的衍生中，我被霸凌了。這在當時讓我完全放棄了英文，那是我被犧牲了，而我犧牲了英文。多麼殘酷而不公平的因果循環。

這段不堪，我先跳過。在不希望被品頭論足的物化女性思維中，我高中選擇當時的女校「莊敬」，為了自強，就讀商用日文。

畢業後，我去澳洲雪梨讀語文學校，在一年半的過程中，為的就是把那曾經放棄的英文，重新給予自己一個熱戀的機會。這是一個特殊的歷程，因為我的同學全都是日本人，於是我彷彿用日文在思考，忘了自己的中文，這是我在英文的翻騰。

然而我沒有繼續選擇在澳洲就讀大學，而是轉而前進日本，為

的是召回用日文思考的靈魂。三個月，我完成了這個目標。

回臺後，我去應徵一個不符合學歷要求的工作，但我被錄取了，因為他要的能力我都會，而我更是輕裝拖鞋面試。這一刻，我感受到了兩件事，學歷與起薪的高低有關，但並非真正左右了機會，因為那個關鍵是「你要的我都會，而且是你愛不釋手的物超所值」。

在這日本油墨的代理公司，我主要的工作就是與日本人互動，翻譯與解答所有的問題。但這能花多少時間？於是我把多餘的時間投入在所有我可以派上用場的任何工作，會計、倉儲、業務，便宜好用，快樂無比。

語言是一種工具，別把它說得多麼困難，只要有那個環境，語言本來就是生活的基本能力，在哪裡就用什麼語言，能夠溝通，才談氣質，能夠表達，才論流利。而這一切的祕訣只是用單一語言，直接在身心靈裡全反射，而非在腦袋裡翻譯。

三從四德不太懂，三挫四折不放棄，

三文四語闖江山，三行四進躍天際。

一口雙語，謂之呂；

找到自信，方有采；

雕琢璞玉，是為瑄。

我呂采瑄，正在潑墨揮灑那光輝歲月！

✾ 情書

24 歲，我嫁為人婦。26 歲，你成為人夫。我們有著共同的結晶，四件作品都是那麼頂級之作，沒有你，我無法完成。真巧，我們成為了夫婦。

這個家，如同你設計的模具，雕琢著精細的角度，控制著無懈可擊的速度，在那瞬間射出成型，如同積層的 FRP，堅固而防潮，耐酸而防蝕，承載著各種別人無法體會的幸福。

這些年，我四處奔忙，那是尋夢之旅，更是找尋自己的靈魂。那是鏡子裡看不到的自己，那是在氧氣裡呼吸不到的另類氣息。因為我在找的是自我價值的肯定，更是那好強之心的成就感。

我可以感受你那渾厚肩膀的依靠，也明白你每一個細胞膜所承受的各種壓力，否則也不會在血液流淌的管壁中傷害了自己，但你沒哼過洩氣的隻字片語。

我可以理解那愛人不在身旁的孤寂，可以懂得身兼嚴父慈母的兩難困境，勞碌於工作還得關照四個孩子的細膩，但你默默承受著所有一切的艱鉅。

這一切是那麼不容易，你卻無怨無悔的願意，只為支持我那追求夢想的孩子氣。

有人說女人的一天就像四季，那股情緒如同春夏秋冬的變換，你卻甘之如飴，害我以為你是音樂家轉世的韋瓦第。而我卻只有給了你兩季，開心時是夏季，不開心時是冬季。

你是 27/9 的夢想家，而你卻把助我圓夢擺第一，如同我是你的第五個孩子，調皮長不大的么女。

其實，我真的是么女，嫁給了你，依舊是么女，因為你才有辦法圓滿這內外皆然的孩子氣。《易經》上說，么女是兌卦，不說不喜悅，言之必兌現。

我誠實面對著自己，因為我不斷在尋找我自己，卻忘了靜心方能看見自己的本質。

過去，我不知道我真的想要什麼，我喜歡什麼，興趣是什麼。

這些日子，我在生命靈數的探索中感受，在文字書寫的過程中體會，似乎頓悟了些許道理。

我在找的只是一種感覺，而這種感覺就是一種沉靜的體會。體會那存在的非泡沫，感受那深刻的自我定義，除了是那助人為樂的踏實，更是那愛你卻從沒說出口的濃郁。

張揚志向吼天際，一戰成名已輝煌。

我是天蠍座，本該含蓄，但為感激，豁出去。

說兩句，一句「謝謝你」，一句「我愛你」。

我開始寫書，第一本就是《給你的情書》。

❀ 行萬里路

澳洲的黃金海岸（Gold Coast）是多少人嚮往的地方，不只是那金黃色的沙子，更是那繁華與原始交會處所激發的巨浪。衝浪板上的刺激，海底繽紛的多元，有如燦爛生活的翻版。大堡礁堆疊的珊瑚，活著與死亡的對比，似乎連珊瑚對於生死都比人類淡然。個個都是全身舍利，海葬於汪洋。

我帶著兩個孩子到這裡體驗未來求學的可能，也分發到三個完全不同狀態的寄宿家庭，徹底明白了運氣決定了一切。不是每個寄宿之處的主人都正常，而是如同塔羅牌抽取圖像般，尚未翻開永遠不知道答案，即使見到了真相，也不盡然真正明白。這一趟一個月的歷程，不但是孩子，連我自己都有成長。

在臺灣北部生活的我們，假日總希望能帶孩子出去走走，要去就去遠一點的地方，於是臺灣中南部的民宿，四處盡是我們的足跡。因為我知道，再幾年他們也不再會想跟了。

目前唯一一次全家出國，就是石垣島，卻也是離臺灣最近的地方。給了機會，才知道究竟什麼狀況，不是每個孩子都如我們所想像，玩樂竟然不一定是他們所嚮往，而四個孩子恰巧各分一半，靜動分野。

在這個時代，四個孩子應該算是愛國的了。在這個年代，還能堅持母乳應該是可以頒獎的了。除了健康不一樣以外，我有一個更嚴肅的話題，那就是「牛奶是給小牛吃的，人搶什麼？」、「既然是人，為何不給孩子屬於人類的營養素？」

人們迷失太久了，但我不能不醒來。

我找尋自己太久了，所以我絕對不能沒找到。

我是人，就要做符合人性的事。

我給著孩子應該有的資源，卻也訓練他們自己懂得在需要時尋求支援。我沒有辦法隨時在身旁，卻也不能沒有給予可以選擇的方向。

學習，是最基本的，但不只是在書本。我在每半年一次的滯臺時間，就是為了配合孩子的寒暑假。學校給的，我不用多參與雜見，那是自然的求生本能。但我卻在寒暑假四處去學習，等同導遊般先前往一探究竟，希望能夠給孩子參考的方向，而非逼迫。這就是為何我會前進言武門，學習一系列課程的關鍵原因。

行萬里路，不一定勝讀萬卷書，因為可能是死路。

而這萬里路更不一定是走路，也不一定需要交通工具，而是思路。

❀ 霸凌

人際關係的惡化，緣起錯誤的決定，更關鍵於老師處理事情的不成熟，在那青澀的時代，我被群起霸凌，那是誰能忘記的景象？

從那一刻起，我開始把自己邊緣化，開始忽略了自己，像是大海飄蕩的蜉蝣，即使沒被吞食，也會自己消失。我沒有怪同學，但我在思考，如果我是老師，我該如何對待每一個有緣相聚的學生，豈能讓自己的沒有智商，造成孩子沒有必要的創傷？

有多少天才兒童，不但沒有被發掘，更甚而被否定，那是天堂與地獄的差別，卻在老師的鼓勵或否定的瞬間。

在高中，因為脫離了傷痛的環境，我開始換一個自己，放逐自己於玩樂與遊戲當中，甚至享受那蒼茫的大醉感受。但醒來後，不忘拿下自己應得的榮耀，成績不落人後，證照張張在手。因為我絕不允許自己再被欺負，即使無法成為一方之霸，也不再接受任何被凌虐的可能。

再經澳洲、日本的**翻騰**，語言的本能已經烙在我的靈魂。輾轉我也擁有了臺南首府大學健康管理的學位，在保健的路上開闢了一席之地，甚至學校也邀我正式成為約聘老師，但忙碌的狀態已然成了我順理成章的藉口。

我已經毫無疑問的可以成為老師了，但這時後我放下了怨懟，放下了曾經的仇恨，因為我沒那個時間與精神，再消耗在那曾經創傷記憶撩起的夢境，雖然我是天蠍。

在職場的舞臺上，其實我也是老師了，我謹記師者傳道授業解惑的古訓，也更承接了前輩教育的精神：「**將自私放大，就是大**

愛。」慢慢的我已然感受這樣的真諦，教育者不就是要把所有的
學生當成自己的孩子嗎？

我震撼！

我的四個孩子，我把他們當成學生，更把他們當成同學，因為
我希望他們能夠依循自己的天賦，而不是複製我們的遺傳。我看
似童心未泯的媽媽，卻又是嚴母慈父的娘親。但，孩子啊！你們
可知那是愛的昇華，那是不希望我錯過的一切再失落，我所承受
的再重演啊！

霸凌，不只是童稚無知的迷亂，更是為人師表沒有正確引導的
無能，這樣的歷史古今中外不斷重演，但我真心希望，到此為止。
師者之能，不該只是皮毛的傳承，而是那不可扭曲變形的精神。

> **師於未生之前，**
>
> **習於未死之日。**
>
> **精於未忘之藝，**
>
> **傳於未亡之心。**
>
> **午之末，未接矣。**
>
> **緣喙先後，惜而慎行。**

王琪麟

巨蟹座 O 型 7 號人

❀ 麒麟之才

2017 年是我流年 5 接 6 的一年，不論用 6/8、7/7 來當生日，流年恰巧都相同。生日之前流年走 5，是全力衝刺的奮戰與改變。生日之後是扛起責任的 6，也是療癒的 6，更是鍛鍊自己影響力的 6。

流年 4 時，我歸納了自己的思路。流年走 5 時，從媒體工作者轉戰金融保險產業，這不只是改變的勇氣，更是奉獻的決心。流年走 6，女兒報到了，這是令人欣喜的甜蜜責任。爸爸卻走了，在滿懷感恩的心境下療癒著自己。

父親是英勇的軍人，在愛國情操的驅使下，為自己的孩子取的名字正是「國軍勇強」。我排行老三，二哥卻在出生沒多久走了，於是王軍這個名字，我用了十多年，但一路上同學之中同名甚至同姓的太多，於是我想給自己一個獨一無二的名字，又不悖逆父親的思想。在考高中時，正式改名為王琪麟，希望給自己一個翻騰的力量，不再坐困愁城。重點是，父親竟然沒有生氣，還給了嘉許。期許我能成為國家的棟樑砥柱，麒麟之才。

這一個潛意識裡的決定，與父親的反應，充分顯示出了父親的豁達與明理，迥異於其他的鄰里，尊重了孩子自己的思維與選擇，更支持著孩子們的學習。1994 年我考上了重慶理工大學，專研管理資訊系統，父親在鄉裡播放了一場電影，以示慶賀。

雖說並非「萬般皆下品，唯有讀書高」，但父親寧可讓自己艱

辛度日，也不讓孩子失去翻轉的機會。因為這是知識經濟的遠見，不讓能力淹沒於荒煙蔓草。沒有父親的膽識與堅強，必然不會有而今的一切。

父親騎著自己心愛的摩托車走了，也算是沒有失落，沒有寂寞。再不捨也得割捨，再放不下也只能放下。在那山川中奔馳，在那雲霧中暢遊，在那人生的戰場中傳愛，在那無比的鼓舞中存在，存在麒麟昂首闊步時的每一寸胸懷。

親愛的爸爸，謝謝您這一生的典範延續，謝謝您鞠躬盡瘁的血肉精神，謝謝您風火輪般的狂雨不息，謝謝那有您庇佑的歲月裡。孩兒只能用爭氣回報，只能用戰績懇謝。

王軍不悔沙場間

琪局萬變難成眠

麟光四射川芎味

甘辛麻苦也騰飛

爸爸，霧霾消失了，您在天際，應該看得更清晰。

孩兒正在努力，揮灑麒麟之才，證明自己，不愧對一切緣起您的賜予。爸爸，我愛您。

✿ 四川

我是誰？我問了很多次，在我的腦海。

1973 年 7 月 7 日，34/7 的 7 號人，據說這是師父見過的數字當中最多 7 的人，4 個 7。於是直覺力、分析力、幸運的逢凶化吉是我與生俱有的特質，尤其又出生於四川，這一塊地靈人傑的寶地，連名字都很有靈氣，四加川「4+3 = 7」又是 7。於是我似乎有這一條直達天庭的頻率，隨時共振。穩健的 147 奠定了幸運，隱性的 258 遮蔽了我的熱情。

然而，正因晚報了生日，身分證 1974 年 6 月 8 日，突然讓自己從 7 號人變成 8 號人，從缺一堆數字變成獨缺 2。於是在明白生命靈數後，我開始過著 6 月 8 日的生日，卻也不忘自己的 4 個 7。

在 2017 的 10/1，我開始學習紫微斗數，方知自己天機，天梁坐命，這又是天生的靈性逼人，在那綻放不出邪氣的雙眼中，我確實領悟到，原來我果然如麒麟，有著一股來自外太空的氣息。

雄麒雌麟，龍首馬身，鹿形牛尾，五彩毛紋，張口噴火聲如雷，不傷人畜，不踐花草，仁義行空歲兩千。莫非曾是麒麟落人間，奔馳川蜀忘回天。

諸葛孔明天機星，六出岐山志未顯，

天梁逢凶必化吉，阿斗無為民似仙。

這是川人至今仍有一股與世無爭的天性由來，天崩地裂也自在，四路四江任遨遊。在這物產豐隆的天府之國，確實讓人很容易少了往外爭戰的野心。

靈性範疇的一切，是我探索已久的內心世界。在幾次生死交關

的意外中，彷若遺傳的幸運，我還是活了下來。我除了感恩，還有探尋這似懂非懂的原因。直到 2017 年才真正明白，我是 4 個 7 的天梁星麒麟，遇難呈祥已知因。

❀ 藏疆

　　在 960 萬平方公里的國土上，我已踏過了 2/3 強，看似未圓滿，卻已經是驚人的數字了。以紫禁城坐北朝南的方位來看，《易經》中的乾位正是西北方，就是西藏與新疆。乾為天，於是這兩處就是與天上最接近的地方，果然高原聳立，靈性之味別有一番。

　　九是陽，六是陰，這塊土地在這個時間點上，正是陰陽調和的盛況，爬上西北往下眺望，果然見識那 21 世紀中國人的雄偉大道之康莊。

　　在文字工作的路上，我無法只在咬文嚼字的紙張著墨，總有那腸思枯竭的空蕩，更不能憑空想像，行萬里路已是必然。2011 年 11 月流年走 9，於是我執行了心中所想，給了自己半個月的時間，前進西藏，在凍雪寒霜中沉靜，在那靜心中覺知，看見自己的本來樣貌，思考接下來的方向。

　　在拉薩大昭寺，幾乎將我的腦袋翻開再次洗刷，重新思考生命的意義，重新檢視是非對錯，重新設定目標與源頭，我在想我的初衷是什麼。

　　漢人所傳的禮與理，經常只是表象的功夫，太多的包裝，太多的目的，太多的內外不一，丟失在繁華的高樓與巷弄裡。這一趟藏遊讓我發現，漢人所失去的卻在青康藏高原生根了。雖然這裡的空氣是這麼薄稀，反而茁壯了紅景天，供人們的血液抓住氧氣。雖然這裡的物資如此貧瘠，但那尊老愛幼、敬天惜福的知書達禮，遠遠超越了各種學校教育。

　　沒有選擇，也不貪取。沒有餘地，也不忘禮。原來風氣與習性

不是嚴格教育，而是每分每秒的知行合一。

　　青稞糌粑也天度，不是不愛稻麥，而是長不出這樣的東西。
犛牛生肉風乾食，不是不想素食，而是植物蔬果繁衍不易。在虔
誠的氛圍裡，葷素不忌，卻也不強奪豪取，只存活在精神滿足的
皮囊裡。

　　對比於新疆的風光明媚，那可是物質的天堂與地獄，就在隔壁。

　　猶記得在那新疆的日子，西北第一村「白哈巴村」，那是國境
之端的西域，歷史已然堆積。穿越石油城，那是中國的沙烏地。
邁進魔鬼城，聆聽鬼哭神嚎在那沙漠裡。

　　駐足西北的光陰，一日如三秋。思維的翻騰，靈感的擷取，毫
不費力，因為那早已是麒麟魂魄所熟悉。但我依舊必須歸鄉，因
為責任緣分還在中原長江黃河流域。

　　藏疆之旅，心靈補給，

　　長江黃河，使命所趨。

　　人生的寶藏，在珍惜現有的一切。

　　生命的保障，在妥善安排的自己。

　　生計有保無風險，經濟藏寶更惜緣。

❀ 好溫柔的糖

緣分真的是避免不來，強求不得，

似乎所有的一切都早已安排。

2002 年，流年走 9，愛情來了。兩個北飄，一個河南，一個四川，在北京相遇。這是網路牽的緣，是行動延續的分，2004 年流年是 2，結為連理，展開生命合作全新的亮麗，恰巧你的名字就是全新麗。我把我們的姓名聯成一氣，已是完美的詩句。

王琪麟全新麗，網路遇見是天意。

王舜語岑巒居，共譜幸福快樂曲。

我愛你的才華與條理井然，那是你專究法律的必然。

你愛我的獨特生命程式，那是電腦語言所找不著的痕跡。

在我們共同堆積的愛的城堡裡，一磚一瓦都是那麼的堅固而有靈氣，無非是你我融為一體的元素，如同混凝土般的黏著力。奇妙的是，你讀法律不當律師，我學系統不寫程式，這是巧合還是同質相吸，卻在不離人性的市場裡穿梭與編輯。連英文書籍的翻譯，你都這麼無懈可擊，我想你早已讀懂了我心中的天語。

我們的兒子流淌著你我的血液，超越學校的書籍，更愛課外的學習，那是環境使然，還是你我基因所趨，我都感動竊喜。

兒子問：「李白、王維都是唐朝人，都是大詩人，也有共同的朋友，然而他們見過面嗎？」

這樣的問題，我驚訝，不如說是喜悅，因為這是無法傳承的思維邏輯，兒子卻已擁有。

在那兩歲時，商場的阿姨給了一顆糖，兒子吃了說：「這顆糖，

甜得好溫柔啊！」

　　這一句永遠盤繞在我的耳際，無法散去，因為那已不是成就感所可比喻。

　　十多年過去了，我們從北飄落地生根於北京，越扎越深。這是傳奇，也是歷歷在目的感激。感謝有你，給我生命全然新奇的亮麗。我愛你，全新麗，這一生真正的唯一。

　　2017 年如願，女兒來了。我再度感謝你，這是另一種甜蜜。這種甜，甜得好踏實啊！

　　孩子，平安長大，那是基本需求。為父也沒有什麼要求，只有三句：一、尊紀守法；二、社會功德；三、對民族有用的人。

　　成長的日子，我陪你。

　　未來的成就，靠你們自己。

　　李白與王維認不認識，對你並不重要。

　　重要的是，**你是否真正認識自己。**

✿ 瑯玡榜

我喜歡用相機捕捉剎那間的精彩，在時間不靜止的軌道上截取永恆。在十多年記者與編輯的生涯裡，文字與影像是我最忠實的伴侶，而我所記錄的點點滴滴，大多都是科技的脈動與各種角度的解析。

從鄉村到城市，由重慶到北京，如同只是昨夜與今日的距離。從眾家之長的廣度分解，到單一品牌的深度切割，索尼（Sony）公關公司高級顧問的兩年，又讓我見識與磨練了不同的層次。

2014 年春節發生了車禍，自己負責了一萬元，卻由保險分擔了六十多萬。這時我在想，如果沒有保險怎麼辦。

2016 年初帶著老婆孩子開車回四川，一出北京就下雪，車子橫在高速公路上。這時我在想，如果又有什麼狀況，怎麼辦。

同學生病了，拖累了家庭，慘不忍睹，於是同學們發起了捐款活動以救急。但救急難救窮，接下來怎麼辦，而這一切發生在自己，又該怎麼辦。

於是我主動認真了解保險，從自己的需求開始研究，我開始明白這一個行業需要高度的熱情與專業，還有那一顆願意奉獻的心。於是 4 個 7 的我，在謹慎細膩的分析後，我決定投入自己的時間與精神，幫助自己也幫助別人。從相信保險到理解保險，再進而推動保險。因為這已經不是職業，而是我生命裡的志業。

我用三個月的時間上課、受訓，並深度理解保險的一切。在2016 年 6 月，流年走 4 的尾聲整理好了思維，正式成為保險專業的一員。

　　而今我幫助了不少人，也在 2017 成為了「百萬圓桌會議（The Million Dollar Round Table, MDRT）」會員，以及「國際龍獎（International Dragon Award, IDA，華人壽險領域最高榮譽）」會員。也算是沒有白費這一年的努力。

　　然而，正確的理念與方法必須廣傳，於是我不能獨善其身，而是凝聚有緣之共識，共襄盛舉於這個愛之光。這個信念已起，我相信在 2018 年到來的這一刻，各路英雄豪傑必然相聚一堂，打造如同《瑯玡榜》般的輝煌，揮灑麒麟之才的魅力，於是我將這個團隊命名為「麒麟團隊」。

　　「麒麟團隊」幫助世人的方式，就是善用保險系統的資源，而團隊中的每個成員，都是所有客戶的支援，在資源與支援中互聯網，規避災難困境發生的風險，讓無常來時皆可從容面對，不慌張。

　　讓這麒麟般的幫助，所到之處，皆是祝福，不再荒蕪。

楊心瑜
天蠍座 Ａ 型 7 號人

✿ 訂做一個自己

1975 年 11 月 19 日，在母親的子宮十個月，我來到了臺灣，我遺忘了我來自何方，卻清晰著我到了何處，那是一個尚算純樸的時代。

楊屬木，心是火，瑜是土，木生火，火生土，楊心瑜是五行相生而順暢的自然。A 型的我有著巴黎鐵塔的堅持，在生命的路途上，不斷追尋更高更遠更堅強。天蠍座的冷靜與真實，雖挫折於愛情上的沙漠，卻沒有燙壞我真切良善的執著。

外 3 內 4 的 7 號人，讓我在沒有框架的創意中，依舊能夠找尋到最後踏實的脈絡，追求著我生命中永恆的真愛，理智的平衡。

從服裝設計到保險研究所，爾後一路踏在金融理財的階梯上，回首多年，原來楊心瑜的五行相生繼續土生金。而這一切所謂的命理玄學，在過去的日子裡是我毫不在意的區塊，卻在 2017 年因緣際會拜師進入言武門之後，翻轉了我的腦袋，原來這一切竟然是我的本能。

在情感與事業混沌交錯，身心俱疲的當時，我遇見了我的恩師。在他不著痕跡、不疾不徐的引導中，我重新找到自己，再度從憂鬱中發現陽光。但師父卻告訴我：「你自己就能發光，玉石破土未透亮，雕琢入心顯輝煌。」

2017 年 1 月 23 日，確實是我的 123 自由日，我開始了一連串的

課程，生命靈數、講師特訓、文字特訓、紫微斗數，並且在美麗傳奇講堂擔任講師，也是師父最滿意而放心的主持人，給了一個令人振奮的封號：「心靈補手，救援投手」。這些日子來，短短幾個月，我確認我真的蛻變了。

　　我熱愛學習，

　　因為我希望自己更好，

　　我不愛等待，

　　卻總是在等待更優秀自己的到來。

　　這一刻，我才驚覺，

　　等待不一定會等來你所期待。

　　所以我竭盡全力，

　　在這當下，忘我的展現那個更好的自己，

　　不待未來。

　　我堅持做自己，

　　雖然一路上遇到的都是不懂與假懂的人。

　　但我依舊堅持那個自己，

　　因為我怕真懂我的人，找不到我。

　　我說了，就是已經正在做了。

　　我要成為感動自己感動更多人的「激勵演說家」。

　　不拒絕每一次鍛鍊的機會。

　　我要成為流傳千古的「勵志作家」，

　　於是我開始寫下每一個深刻的沸騰。

　　我微不足道，但我已走在星光大道，

　　我時刻反思我自己，

因為我知道，

我已開始任重道遠，所以必須更謹言慎行，

不再能有丁點的胡說八道。

感恩師父的遇見，感恩我自己的選擇與勇敢，

2017 年我成功的訂做了一個優秀的自己，

最重要的是，我很喜歡。

✿ 真情釀的酒

　　我喜歡喝酒，但不狂飲，讓酒在口中睡著，在喉中醒來，在胃裡加溫，在血液裡奔跑，然後在靈魂裡竄燒。

　　我很真，喝了酒更真。那是一種與神對話的美，更是水釀真情而發酵的醉。

　　我常在生命的雪地裡穿梭，因為我是雪中送炭的幽靈，不是錦上添花的仙女，有時花與雪一樣冷，卻需要炭火有距離而緩緩的溫熱，那才是生命的溫度。

　　楊柳垂，映池心，探見壯志短歌行，

　　酉時水，釀成酒，赤壁瑜火已純青。

　　我是長女，那是點點滄桑的憂愁，因為很巧我也是走著一堆能人異士的孩提命運，父母離異，不在身邊，奶奶養大，高一住校，專科自立更生，在眾剪裁出身的姑姑們的鼓勵下，我學的是服裝設計，再增補企管的才能，我已在職場裡闖蕩江湖了。

　　我有一顆容易沸騰的心，不是可以束縛的思緒。我厭惡為考試而學習，討厭為學歷而花精力，但我知道我要學的是什麼，卻也從來沒有綁死自己學習的方向，因為我始終認為一定還有另一種選擇與方法。

　　我興趣廣泛，除了姦淫擄掠、殺人放火的功夫沒興趣，所有的一切我都不排斥。只要時間挪動得出來，我總不經意的安排各種學習課程，不是我已經清楚這有什麼利益的延伸，而是單純沒有目的的喜歡。因為學習本身已是一種快樂，學會了新功夫，我更快樂。

　　一路走來，我很容易引起老師的注意與關注，因為他們說所有老師最喜歡的學生就是我這種，主動學習、認真參與、充滿創意。其實想想也對，因為如果我是老師，我也喜歡。

　　舉凡聽演講、參與活動，我的生命都增添了不少新火種，延燒著我的熱力。更陸續累積越來越多亦師亦友的好朋友，你可能難以想像的多元，你可能會訝異驚奇的影響力，但那都是真情投入而反饋的緣起。不是傳奇，沒有祕密。

　　你好奇，若謙卑的問，我可以教你，但大多數的人卻是洶湧於貪婪，終止於沒有耐性。精進於思緒，卻步於行動。你問得很湊熱鬧，那我就只能淡然的回答，因為真情不容睥睨與不珍惜。

　　你不必被催眠成「別人可以的，你也一定要可以」，這是愚癡的為難自己。

　　你只要鍛鍊你自己，你想完成的，都沒什麼了不起。

　　除了假酒，我什麼酒都喝。

　　但，這些酒裡都添加了共同的元素——真情發酵劑。

人生如酒，不要爛醉昏迷，微醺卻也妝點詩意。

舉杯邀心月，對映皆真人。

❀ 我，真的很好用

有人終其一生都在找尋利用別人的機會，我卻竭盡所能都在創造自己被利用的價值。不是為了存在感，而是這本來就是生存能力的不斷提升。

打工的日子就不細說了，丟卻了服裝設計一途，我一路都是在金融理財保險的道上。

首先我是在小型的保險經紀人公司，從半工半讀的行政人員開始，除了也學學會計、統計算業績、算獎金，我也是很專業的環境衛生打掃人員，協助電話客服解決問題，舉凡公司所有的事情我都會了。不只是因為公司小，人力資源的充分利用，更重要的是我願意學習、不計較，這時候老闆覺得我很好用。

後來，業務覺得電話服務不直接，乾脆帶客戶回來公司聊天，我就負責締結成交，這時候業務們覺得我很好用。爾後我搖身一變成為了訓練業務的專業人員，甚至親自下海直接當業務，這時候我已經覺得自己很好用了。

所有老闆朋友、同事、客戶都告訴老闆一件事：「心瑜在你這裡實在太大才小用了。」正當肯定度扶搖直上，掌聲此起彼落的時刻，我卻決定換個空間呼吸，換個行業玩玩。我沒有跳槽，而

是換一個挑戰，一天做兩份工作，早餐店加安親班，給自己另類的休息，翻轉的沉澱。

　　然而沉靜之後，我還是走回了金融產業，進入了寶來證券，再次翻騰我在金融保險的長才。這時候，我發現區域不同、產品不同、人事物不同、氛圍不同，所有操作的手法就必須不同。我不是只在專業領域裡繼續學習，而是開始不停的在各種領域竄流、吸納，如同吸精大法，所到之處全入海綿，融入靈魂。

　　這時候，已經沒有搭不上腔的客戶，不是找話題，而是迅速能夠貼近他們的話題，打破了隔閡，如同至交。

　　2011 年我來到了中國信託，強項就是客戶說明會，將客戶變成自己人，幫助業務達成目標，幫助客戶滿意服務，因為我真的知道他們需要的是什麼。我不在意帳上的數字，而是在乎所有人實質的的獲益，我不把雙贏當口號，而是把信任的合作關係真正從地基打起。

　　所有人覺得我瞎忙著學習，最後我卻以實際成績證實，看似不相關的議題，其實都是素材多元聯結的細膩，我的跳躍式學習，就是永遠保持新鮮感的祕密武器。

　　學茶、學酒、學遊戲，那是人們填補空隙的祕密。

　　看書、聽課、跑演講，那是靈感人際的根基。

　　2015 年 12 月 18 日，我聽了一場許宏老師的公益演講「有限的無限」，這又是顛覆我思維的再一次挑戰。

　　我第一次主動想上課，於是我找到了許宏老師，說我想參與「言武門講師特訓」，老師卻說先來上「言武門生命靈數」吧！那是一連串的驚奇，2017 年 5 月 1 日開始，從未中斷的每夜半小時課

程，各行各業的能量衝擊，我突然發現自己就在這樣的能量場裡，接受寰宇眾星辰的洗禮。正在我有限的時間與能力中，激盪無限可能的奇蹟。

主流的思維是人云亦云的流行，當然不會有任何出類拔萃的機會，就像政治裡的執政黨，人類習慣的右手，醫療系統的西醫。於是左派出現了，反對的聲浪躍升了，另類療法也如雨後春筍萬家爭鳴了。

但，另類不是矯情的胡扯，不是特立獨行的叛逆，而是人生智慧沉澱後的勇敢。一技之長就要真的長，自己的見解就要很具體，在非主流的波浪中找到自己的花朵，當能引起一群人的追隨，非主流也將帶動潮流。

因為所有的主流曾經都是非主流。

而這關鍵來自「相信與堅持」。

相信自己，堅持目標。

習慣成功者，有著一種特質。想到時，還沒說，就開始做了！

你會覺得他們的速度為何如此奔騰，那是因為「**他們說的時候，已經做得差不多了**」。

說了，只是為了有人能夠見證他們的「喜悅」。

念力設定，心想事成的關鍵絕對不是「想」，而是「做」。

我喜歡真情幫助，隨喜付出。

有時，你以為幫助了別人，其實是幫助了自己。

有時，你以為躲掉了困擾，其實是錯過了機會。

因為上述所有的一切，我不斷在進步。

我要告訴你：「我，真的很好用！」

✿ 我曬著我的愛，因為我知道你也期待

從保險經紀公司開始，我就是訓練師了，但在言武門講師訓練之前，我並沒有受過任何相關的專業訓練，而此刻的我終於知道，我一直在訓練我自己。

我翻閱著成功人士的典籍，聆聽著卓越人士的分享，觀察著各種大師級人物的習性，我記錄分析著他們的特質，我找到了一些共通的蛛絲馬跡：

1. 他們都很有性格，但不是怪癖，這是差異化的同質性。
2. 他們都很有原則，堅持對目標不滅的熱情。
3. 他們從來不喊累，消化挫折非常快速。
4. 他們謙虛含蓄不誇耀，淺問淺答，深問深答。
5. 他們擁有赤子之心，不一定是對的，但一定在適當時機充分陳述自己的觀點。
6. 他們不一定有好脾氣，而是令人舒適的表達自己的主張，絕不會太委屈自己。
7. 他們絕對不是單調的專業，而是各種音符很有特色的排列組合。
8. 他們找到了自己的魔術方塊，跨越了自己的糾葛與衝突，而整理出了自己的平衡與規則。
9. 他們主動，他們積極，他們有著感染力。
10. 他們會給自己一個謎，然後自己再找到出路。

這些特點，我發現我都有。我並不竊喜，而是我正繼續探索著我更個性化而不突兀的自己。

我，願意做傻事，因為如此才有更正式的爆發力。

我，會給人一個夢，然後陪他圓夢。

我，會創造一個舞臺劇，然後讓人期待下一次的來臨。

我，讓自己有趣、有影響力、有吸引力，有凌駕全場的能力。

我，可以在你真的需要我，真的虛心請教時，給你最滿意的回答。

我，不是可以教育你，而是願意訓練你，因為我真心想幫你，因為我快樂。

在言武門的講師特訓之後，我巧妙發現我的特質，我不拒絕任何磨練的機會，甚至主動出擊，因為我豈能讓自己少了繼續成長的空間餘地。

我觀照生命中出現的人，

我用心對待生活中的事，

我珍惜一切能運用的物。

所有的發生都是最好的發生。

需要自己每一刻的真切體會。因為機會不會自己喊著「我是機會」，而是考驗著我們的智慧。

在有限的時間中，創造無限的價值；

在有限的人脈中，流傳無限的肯定；

在有限的機會中，開發無限的未來；

在有限的生命中，延伸無限的能量。

當困擾滿滿時，生命是踏實的。

當口袋滿滿時，心卻掏空了。

因為，靈魂的目標沒了。

我掏空了我的口袋，因為我在訓練我的腦袋。

我曬著我的愛，因為我知道你也期待。

❀ 生平無大志，凡事皆小事

活著已是感激，活得有意義更是奇蹟，所以你問人生有何目標，我說沒有，因為我只做小事，不立大志，在每一個小事當中見證生命的美麗。

我是動物，是擁有人性的有情生。我是天蠍，看似淡然，卻是深情的小女生。我工作很前衛，因為這是時代趨勢的潮流。我很感性，那是銅牆鐵壁包裝的內心深處。

其實，我最期待的就是遇見而珍惜那一份可以不必多言的情愫，可以簡單樸素的相夫教子為人婦。斑白鶴髮有你的膚觸，夕陽的餘暉，能與你共舞。粗茶淡飯，濃酒淺酌，高歌低鳴不怕掀屋。但那是可遇不可求的禮物，渴望而不奢求的福。

爸媽不在身邊，我是長女，你可以明白我的寂寞。我早已習慣將心事寫在細胞裡的核中埋葬。那一年，爸爸癌症病了，越來越虛弱了，情緒中樞也被癌化了，於是情緒控制不了，漣看護都不知如何照顧。而我每天就是白天上班，晚上住醫院，因為我也只能這樣珍惜父女最後的一段緣分。

疲憊已不足以形容當下的狀況，所有的醫藥費、看護費一肩扛。所有的親人慢慢遠了，慢慢不來了，我越來越清晰了真愛本質上

的困難，因為不是只有浪漫，而是挑戰的漫長。

我騙爸爸說，你放心修養，這裡的一切費用公司有補助，因為是關係企業，不用白不用。其實，都是我負擔。我欣賞我自己，因為這是最美的謊言，陪伴父親走過生命最難熬的一段。爸爸走了，我沒留遺憾。

情字真難寫，要寫左邊的心，再寫右邊的青。我掏出了真心，確實都留下了瘀青。但我，不悲情。

2017 年 8 月，我認識來自北京的蕭悅老師，聽了師父簡單述說她的故事，我震撼，我感動。蕭悅老師的第一本書《長城上蛻變的月亮》師父邀我寫序，我雀躍，我激動。原來我已經可以為作家寫序了。師父說：「那是你這些日子來的呈現，也令我感動。」

我沒後悔我的真，因為我驕傲我的善，更品味著人生每一個難得的美。

我瞧不起抱怨，厭惡抱怨的聲響，於是我將我所沒有的愛，找到可以沉浸的地方存放。眾長者皆是我爹娘，眾朋友皆是我手足，眾孩提盡可我生養。但生命的另一半，我無法迷亂，不是眼光高，而是那是勉強不來的五臟，相生相剋、脣齒相依的深刻禮讚。

在未來的日子裡，我想我可以寫寫書、演演講、幫助人，愛我所愛，樂我所行，直到屍體腐爛，真心肝腸也不斷。

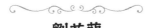

劉芝蘭
天蠍座 Ａ 型 7 號人

❀ 鐵樹開花

　　1973 年 11 月 12 日，高雄左營的眷村裡，一戶人家，滿園的蘭花盛開，不曾綻放的鐵樹也開花了。女娃生了，不哭不鬧，靜謐優雅，淡然飄香，被起名為劉玉蘭，這就是我第一個名字。

　　鄰居、同學都叫我玉蘭花，我困擾不已，因為我無法接受這樣俗氣的稱謂與我綁在一起。有一天我很開心的告訴了幼稚園老師：「我媽幫我改名字了！」老師問：「真的嗎，叫什麼？」我大聲的回答：「白雪公主！」可見不想平凡，想當個公主，在小小的心靈裡，就開始了目標的設定。

　　而這名字一直沿用到大學畢業，才改名為劉亭涵。這是我完成第一個自我人生定位的開始，我不再是玉蘭花，這是個多麼有氣質的名啊！像瓊瑤小說裡的女主角。當了十幾年的氣質女主角，這柔弱小女人的名似乎不能再滿足我職場上呼風喚雨的氣勢，她不夠響亮！我需要一個霸氣一點的名字，我又再改為劉孟涵。

　　對我來說，名字就是符號，什麼樣的符號就有代表的氣場，我不喜歡被定型的刻板印象，自己喜歡最重要，我的名字就是我的人生定位，代表著我每一階段的心境，每一階段的成長體驗。現在我為自己而取的就是現在的「劉芝蘭」。足足經過了三次的改朝換代，我才進化到現在的我，也是真正開心的自己。是的，這才是我的名字——劉芝蘭。

劉芳芝香，蒟草神安。

爸媽都是山東人，爺爺是當時山東榮城的縣長，三面環海，家中有許多的漁船。1949 年，身為海軍的爸爸搭中山艦來臺。外公是空軍，於是媽媽搭飛機。確實那是當年山東的兩大旺族，金錢財富恰若黃土，卻在大時代的摧殘下化為烏有。

然而大家閨秀的血液依舊在我的身體裡流淌，即使經歷砲火風霜，也無法抹滅潛意識的輝煌。快樂的人必然有快樂的念頭，富有的人不是擁有富裕的幸運，而是創造富有的腦袋。於是，從小，我就覺得錢不是問題，願意賺就會有。我似乎開始扮演財神爺的角色，所到之處必能帶來幸福，湧泉財富出。

父親退伍後開始跑遠洋商船，一年只能見一兩回，但都如同戰士回港滿滿戰利品入我私囊。因為我是爸爸的小公主，別人沒見過的舶來品都是我的禮物，也有了吃不完的葡萄乾。國二父親胃癌走了，我相信這是為愛而奔忙。至今我不再吃葡萄乾，不是膩了那樣的甜，而是害怕那種睹物思人的感傷。

於是國三開始，我就打工賺錢賣麵包，每一個麵包裡都是我的祝福，發酵了快樂的溫度。

我喜歡下午麵包出爐的時間，滿室的麵包香是幸福的甜味，看著媽媽們帶著孩子進門選麵包的身影。我懂得暖心銷售的重要，在以後行銷的工作中，我總是記得這些畫面，如何用色、香、味俱全的滿足，來感動我的客戶，用最溫暖的心，來服務每一個需求。

從小我就喜歡美好的事物、美麗的東西，我會幫我的小狗綁上蝴蝶結，幫我的洋娃娃穿上漂亮的衣服，我用花編成項鍊戴在脖

子，我也用樹葉貼滿一幅畫。家中的牆上堆疊著小學時贏來的獎狀，那是從小被培育的美術專長，彈著自己的鋼琴，吟唱著唐詩宋詞，優雅而綿長。在媽媽的指引下熟背詩歌百首，《長恨歌》已無恨，而是朗朗上口的絕代風華。

　　藝術是我的靈魂，美感是我的家鄉，我把旋律添進了畫板，刻印心上的思想。在視覺藝術設計中，我將生命注入了東西方美學、廣告設計與商業行銷。思索著藝術不再只是自身的感受，更要有著深入人心的張力，如何讓藝術創作有如做麵包一樣，加入了麵粉、奶油、糖、溫度與時間的醞釀，烘培的藝術傳遞著身心靈療癒的幸福感動。

　　讓藝術不再只是欣賞，而是能讓每個人的靈魂共振出美好濃郁的動人故事，用畫筆創造出五彩繽紛幸福的世界，在畫中開心的起舞，我就是一個拿著魔法棒的公主，開心揮灑著美麗的世界。

　　東方文化與西方哲學的結合也在此刻奠定了基礎，我研習著古老中國的智慧，激盪著現代創意的火花，似乎我明白了世界，世界也為我高唱，但誰知這才是鐵樹開花的起端，還有朵朵百轉千迴等著看。

❀ 八風之考

蘇東坡的八風吹不動，大家都聽過。

佛印和尚的一屁打過江，想必也難忘。

但恐怕大多數的人都不知道八風是什麼，不是微風、狂風、龍捲風，不是陰風、涼風、颱風、颶風、落山風，而是無聲無息令你瞬間發瘋。

見得著的狂風，都不是最可怕的風，

那是空氣的流動。

見不著之八風，那是瞬間轉變的承受，

足以將一切扇動。

利、衰、毀、譽、稱、譏、苦、樂，乃八風。

可動心性，可移堅定，可辨真偽，可滅我執。

尚未找到自己，莫言八風。

風未吹，你已動。

風起雲湧，萬念皆空。

修煉，不是吟詩作對的雅緻，

卻是顛覆感受的超然。

當我一路順遂習得了各項功夫，買房結婚生子，事業順利，一切美滿，也在佛院修煉學習一段時間，一次上臺講述的過程中，要詮釋八風的心境感受，而不是單純的字義解釋八風，然後有人笑問一句：「你怕八風嗎？」我無語，不知如何回答？而在這次課程不久之後，我的生命全然變了樣。

半年內，眾叛親離，無風生浪，房子沒了，婚姻結束了，一身

負債，所有我的最愛，瞬間統統離我好遠好遠。我從天堂掉進了地獄，從幸福轉為恐懼，從心想事成變成一事無成，我咬了咬我自己手指，不是夢境，但為何是此絕境，我躺在床上，一個念頭，那我還活著幹嘛？

也在這一秒，我突然進入禪定，突然到了宇宙的一個特有空間，那是一個七彩繽紛的球體，內心乾淨無為的深層意識，不必動手，已經碰觸，不必思考，已然豁達。突然間，彷彿飽滿了一切智慧，什麼都懂了，什麼都明白了。在如夢卻醒的狀態中，我張開了雙眼，繼續八風的考驗，此刻的我沒有懼怕，而是淺淺的微笑了。

當我正面迎接，八風卻不見了。原來人生本來無一物，何處惹塵埃，一切如夢幻泡影。

在暴風雪中，所有的風雨咆哮打擊了你的鬥志，只有閉上眼不聽不語堅定不移的向前走，自己內在信念就會產生無比強大的力量。就算身處外在環境或人事已經面目全非了，只要還有信念就永遠有路，永遠有希望。天變地變唯真心不變，我就是我，雖然落難了，我還是高貴的公主！

然而，確實傷得太重，我必須找回我的快樂，開始了療癒自己的時光，用非玄學的方式，非西醫的表象結構，脫離一般大眾的思維，結緣東方文化與西方符號的原始密碼，我體悟先人智慧的結晶，回歸最原始的療愈方式，啟動所有身心自我覺醒的火花，終於我真正的療癒身心了，這就是我與植物精油芳香療法的緣起。足足花了三年，內觀自省。從貢高我慢回歸謙卑樸實，原來這才是本來之樣貌，而不該是那人類自我放大的迷茫。

原來，上蒼必須奪走你所有現有的一切，也才能給你真正當下

所需要。

原來老天要你毀滅，毋須看待因果，也不必給理由。

原來似乎殘酷的考驗，卻是那上下邊緣的臨界點。

在那臨界點，不是開智提升，便是墮落沉淪。

一念入天堂，一念下地獄。

八風之考，沒有教練場，而是每個人都不一樣的隨機路考。唯有默默承受，靜心覺知，不依違願而顛倒，不依順意而墊高，浪會靜，風會止，一切總會平反，不必急躁。

❀ 諾亞香草

在療癒自己的過程，我也在思考，是否很多人跟我一樣，甚至比我更慘，更需要療癒。因此我記錄著這一段過程中，每一個方法，每一個細節，因為我知道再也不會有下一次的機會，讓我歷經如此曲折離奇的過程。我豈能辜負這一切天地寰宇給我的淬鍊，豈能不將這一次儼如魔鬼訓練營的成長化成愛，隨喜分享。

精油是植物的療癒系統，是免疫系統，是內分泌系統，是植物的靈魂。用它們來治癒身心的創傷、靈魂的缺憾，這是天恩所賜、地情所賦，若非這一次自己的重創，我想我永遠沒有深入了解的機會，這就是所有的安排都是最好的安排。

在芳療的世界裡，我著實與眾不同，我懂得與精油對話，懂得聆聽精油的聲音，懂得給它們專屬的符號，並且給它們最典雅舒

適的家。

而這個家，都是獨一無二，悉心呵護的宅第。那是來自開天闢地後就存在的原始，那是渾然天成的珍寶，不願太過擬人化的雕琢，更是那股質樸純正的自然被保留。

寶石，是那宇宙能量守護的匯聚。是那守護生命的祝福，是那幸運跟隨的力量，是那先人類之前到達地球的天使，用歲月等待，用愛迎接，醞釀有緣者的相遇。

在這個過程中，寶石是沉睡的，即使切割、拋光，依舊環繞於夢境。直到精油的到來，滲入它的軀體，共振它們的頻率，寶石開始醒來。誠如白馬王子的出現，輕輕的一吻，喚醒白雪公主的情懷。

在精油的潤澤中，寶石重新排列組合，那是魔術師般的幻象，其實那是靈魂頻率的交融，彷若戀愛所造就的生命力。

精油的愛是來自天上日月星辰的滋養，

寶石的愛是來自地裡億萬年擁抱的呵護，

有緣人的出現，更是天地人相對應的穩健鐵三角，無法切割。

這個地球，我們可能就只來這麼一次，所以我們必須用快樂感恩的心，認真活過這一次。

在茫茫人海中，有緣的我們，相遇是必然，於是你的需要，我必然幫忙。

在那人生的轉角，在那瑪雅預言後的倖存，我願成為你的諾亞方舟，承載著香草與寶石，玩味生命每一個死角。

❀ 偉大的符號

符號，是古今中外皆然的能量代表。那是視覺所誘導的思考，更是表像意義深度延伸的哲理。從圖像、文字、數字、建築，延伸的所有結構，都在視覺傳達中，恰似無聲卻有聲的一覽無遺。

看懂了，就是智慧的成長。

善用了，就是活化了天機。

改進了，就是時代的跳躍。

就像人們口口聲聲傳述的開運，卻是一知半解的盲從，而開運簡單來說，就是「**讓自己更好**」。

沒有最好，只有更好。運勢是一種選擇的過程，而過程又演化為短暫的結果，好與不好，端看感受。

人們可以安於現狀，通常沒有變不好時，很少想要變更好。於是開運、改運，如同厄運來臨時的祈禱。其實，開運必須是每一個當下的思考與行動。

善用了工具，善用了能量，平衡了思緒，共振了頻率，讓可用之資源都來支援你，一切都會更好，一切都是如此美妙，開啟自己的好運。

透過學習，靜心，產生覺知。

從覺悟中減少錯誤，進而不再失誤。不失誤就是心想事成。

很多人會覺得符號的能量看不到。其實，看不到是你的錯，不是老天的錯。看不到是你的能力不夠，侷限了視野。心眼才能看見的，你用雙眼，當然看不見。然而，看不見的力量，往往才是真正偉大的力量。就像可見光，只是光頻之中最渺小的局部。

文創，很多人有很多種解釋，而我對文創的詮釋就是「有價值的藝術」。

藝術需要元素，元素的運用只能透過學習。不曾學習，何來創意。

創意不能譁眾取寵，因為那必然是瞬間閃耀的曇花一現。創意必須有文化內涵，如此方能長治久安，深遠影響，方有藝術生根的綿延價值。

創意是一種修煉，藝術是一種涵養。將生活藝術化，才能快樂。讓藝術生活化，更能幸福。於是我的事業、我的生活、我的幫助、我的緣分，沒有一項與藝術無關。

然而，這並沒有讓我成為雅痞，而是讓行住坐臥的一切端莊而不失自然。我感恩寰宇帶給我的所有，感恩所有能量場激發我的成長，感恩每一個符號開啟我的幸運。

而我能做的，就是快樂每一個可以呼吸的日子，參透地球所有的美，讓自己也成為一個可以讓人快樂的「符號」。

❀ 我對天使的定義

每一個天使都是業務，因為那是傳遞上天的使命。

每一個業務都是天使，這才是業務應該明白的本命。

當天使忘記了奉獻，忘記了熱情，那必然迷失此行之任務。

當業務忘記了自己是天使，那麼必然沒了力度，少了速度，令人憤怒。

所以，我們必須重新定義，業務就是天使，天使就是業務，行動必須是業務，本質必須是天使，先業務之幫助，後天使之照顧，我們給予一個全新的名字：「業務天使」。

各行各業都要業務，只是大家都解讀錯誤，只談業績，不問幫助。只談獲利，不思照顧。殊不知，這是迷途，是盲目，是死路。

業務天使，必須有幫助的熱忱，照顧的負責。把專業分享正確傳達，讓所有客戶感覺到溫度，產生感動，踏實接受你的付出，感受到你真誠的照顧，那麼必然就是趕也趕不走的死忠客戶。

天道酬勤，天使飛得快，業務勤傳愛，要有忘我的精神與胸懷，讓所有人看到你都開心，那麼自然不會逃避而遠離。

業務是最快樂的工作，不是因為收入的樂趣，而是幫助的快感。

業務天使，必須快樂學習，也才能讓錢自動來找你。因為錢在天地的眼裡，那是幫助人類、照顧良善的工具。

不要給自己設限，沒有什麼叫做需不需要，當你有機緣學習任何一項功夫，切記，都是天意。因為在幫助與照顧的過程中，多學多能，你永遠不知道什麼東西會派上用場。

不要等死了再上天堂，而是把每一個現在活得像天堂，把這樣

的氛圍傳遞感染，誰會不喜歡你。

當我幫業務做訓練時，我只給三部曲，用三個月的醞釀，你就能看到驚喜。

第一個月，喝咖啡，將所有你認為可能的客戶約來，聆聽與關心，什麼業務相關的一切都不談。

第二個月，練專業，在專業裡感受你想要推廣的一切。你的感受必然也會是別人的感受，因此要認真細膩。

第三個月，談感受，將第一個月喝咖啡的朋友都再喝一次咖啡，分享你的感受。

人與人的互動，透過科技，燒掉了溫度。在網路，看似有眉目，其實盡是疲勞轟炸，令人反感的盲目。

每個人都應該是業務，每一個業務都必須是天使，那麼當你快樂完成你的幫助，你的客戶也必然反饋給你照顧。

鄭嘉宏

巨蟹座 A 型 7 號人

✿ 工具就是我的玩具

父親是個傳奇，所以也遺傳了奇特的性格在我的血液裡。父親從一步一腳印白手起家，篳路藍縷，連娶妻之時都是負債 200 萬的崎嶇，而我就在這樣的勞頓中誕生了，孕育著我的不是金湯匙，更不是滿屋的玩具與遊戲機，而是各種水電五金的工具。

童年是什麼，我無法定義，只知道一切都與大家所形容的大異其趣。我的工具就是玩具，玩具就是工具，螺絲、木板、金屬的組合與拆解就是我的樂高遊戲。所以你說玩具，我說那是假的，因為我從小就玩真的。

父母繁忙，我跟著外婆種田養豬餵廚餘，爸媽說的話不多，所以我句句都牢記。媽媽說：「家境不好，但我們不把這樣的無奈遺傳給你，而是要讓你知道，凡事靠自己，要奮鬥學習成長，才能扭轉自己的命運。」

小六升國一，家境漸好，我開始淺嚐不煎熬的喘息。「無熔絲開關」奠定了父親翻轉的契機，開始複雜了交際，黑白兩道交錯排排坐，那是自卑感衍生出來的錯誤情緒。拓人脈，講義氣，空白支票給借去，1500 萬的債務無端出現生命裡，我又再從天堂掉入了地獄。

賣房子，貨賤售，依舊擋不住落井下石的覬覦，流離失所，親人遠去，如同逐水草而居。除了債主，所有人見到我們都像見到

好兄弟。

　　為了實際需求，我從南二中轉入今日的南臺科技大學電機科，僥倖如期畢業，這是半工半讀的沉潛期，卻也犧牲了妹妹學醫的持續。因為溫飽都已是艱難，何來本事再於學歷上增添豔麗。

　　當兵了，這是兩年無法拋棄的責任與義務，恰巧進入「廢彈處理中心」擔任士官，於是多了點危險加給，在風雪交加的經濟中略添材火。

　　而退伍卻是全家希望的寄託，因為我已長大，更該扛起所有的責任，逆轉所有都頹廢，平反所有的冤屈。

　　爸爸說：「人在做天在看。」

　　我說：「我不做給天看，只做給自己看。」

　　天給的一切，我都感激，

　　我做的一切，都對得起天地。

　　既然留下了我一口氣，我一定要爭氣。

　　我做的所有一切不是為了讓誰瞧得起，

　　而是我要瞧得起自己。

　　電影《英雄本色》裡的小馬哥說：「三年了，失去的東西，我一定要回來。」

　　爸媽，兒子我會努力，我們臺南的房子，我一定會再買回來，風光住進去。這不是矯情的賭氣，而是對全世界一時落難的善良人最紮實的激勵。

　　　小時候我的玩具是螺絲起子，

　　　現在我的工具是一雙筷子，

　　　拌起生命的希望，感恩螺旋狀的記憶。

❀ 一極拌的人生

最難寫的毛筆字就是「一」，為什麼？

因為「最簡單」。

最重要的為人處事的道理都在小學學完了，卻在行將就木之際依舊無法把人做好，為什麼？

因為「**堅持不容易**」。

千錘百鍊的功夫都來自熟能生巧，卻也在中途失卻了熱情，為什麼？

因為同樣的事情重複做，「太乏味」。

最需要關懷的人不是朋友，而是家人，人們卻背道而馳錯了方向，為什麼？

因為「易忽略」。

而我就是把最簡單、太乏味、易忽略、不容易的事堅持不懈，造就了「一極拌」的傳奇。而這傳奇卻也只是剛要發酵而已，因為我會繼續拌下去，從淡江大學城拌到北臺灣，從北臺灣拌到南臺灣，再拌到全世界。

一極拌有著多元的豐富佳餚，卻難以掩蓋無欲爭寵的「傻瓜麵」。不需要自作聰明就能回味無窮，只有四種材料就能天下無敵，再笨都會做的乾拌麵。

麵條豬油蔥花拌，

特調醬汁震朵頤，

加油添醋彈齒間，

食神淺嚐夢垂涎。

我們沒有祕密，卻有著複製不了的心意。

大火，水清，速度快。

專心，深情，傳麵脊。

不讓麵糊亂思緒，入口共振脾胃欲。

咱們拌的不只是麵，還有麵與人之間親密關係，如同愛人狂戀的貼心，還有那無微不至的角落裡。

三十餘位的夥伴都是出將入相的尖兵，學士、碩士盡是班底。我們不怕你偷學，就怕你找不到靈魂在哪裡，那將是誤會一場的不勝唏噓。

我們希望每一位夥伴都能有自己的天地，拌出自己人生的精彩亮麗。於是我們的壯大沒有設限，能衝多高都看你自己，但那也必須是彎得下腰的屈膝彈起，內部創業，永遠支持你。

麵，要面面俱到。

麵，要八面玲瓏。

麵，要傳承生命。

麵，要滋養軀體。

而你只要堅持簡單的事，重複把它做對。

在麵的製作，我們用的是科學，

在麵的服務，我們愛的是哲學。

一條麵，那是獨立思考的創造力。

二條麵，那是誠意滲透的表達力。

三條麵，那是無限可能的創意力。

四條麵，那是具體歸納的整合力。

五條麵，那是空中補給的戰鬥力。

六條麵，那是推己及人的影響力。

七條麵，那是激發潛能的分析力。

八條麵，那是說做就做的執行力。

九條麵，那是圓夢天使的奉獻力。

每一條麵的能量與愛盡收一碗裡。

不論你是誰，有緣來相聚，

一極拌都會激發你的一極棒，

而我們的堅持必然永遠持續，一直拌下去，就是為你。

❀ 引爆精彩

在叔叔的強力推薦下，舉家再從桃園遷移臺北，為了是一個可以溫飽的夢，連我當兵的同梯都與我一起來打拚，最感人的是我當時的千金女友（現在的老婆）竟也義無反顧的跟隨，一夥人十幾個住在華中橋下小小的屋子裡。

我們開始成為了大臺北瓦斯下游下游下游的下游，然而僧多粥少，與原本的想像差太多，很快的夥伴就疲憊了，而一家五口子卻繼續堅持下去。

一人一餐 25 元熬了半年，卻也慢慢走出了口碑、漸入佳境，不但客戶反應好，總公司也看到了。

人怕出名豬怕肥，此刻的我們卻再度雪上加霜，拿不到該拿的錢，卻再被斬斷可前進的腿。

於是父親一本寬容之大量，帶著媽媽、妹妹、我還有愛人開啟了福州乾拌麵，從工程業轉戰飲食業。

曲折離奇的故事就不在這贅述，但前任瓦斯公司卻在此刻找上了我們，希望我們能夠協助解決天然氣工程的相關問題，因為只有我們的服務與施工能夠獲得大家的信賴。於是我隻身回到了瓦斯系統，開始往上游攀爬，輾轉成為了工程單位的副總。

感恩總經理的器重，繼續訓練我所有業務面的細節，希望我能成為全方位的人才。當然此刻的我，喝酒應酬已經是基本功課，從一杯就倒到千杯不醉，確實是開始著拿命換錢的歲月。

在這個過程中，我與我的妻子結婚了，妻子繼續跟著開麵店，而我卻為著夢想繼續在瓦斯管線上找尋我生命的引爆點，天天喝，夢想未爆，肝卻快爆了。兒子臨盆的當下，差點不在身邊，因為此刻的我已經必須全臺奔波。

就在已接近此事業的巔峰期，我已站在成功終點的門口，卻病倒了住院，切除了膽囊。為了愛，為了夢，我已全身是膽了。

然而，這些年不是只有我在拚，父母的身體也漸衰老，再加上妻子的殷切企盼，我用好多個夜晚，獨自半醉半醒的思考，打拚的目的是為了什麼，難道是為了虛名，還是看得到花不到的金錢？

終於，八年前我放下了執著，本著那些年練就的功夫與智慧，回到了家人身邊，將原本的麵店，打造成真正屬於我們自己的品牌，用愛灌溉，用沒人敢想像的精神去延伸，才有了今天這樣的成績。一極拌系統就是這樣誕生的。

一路上，貴人很多，小人更多。鼓勵很多，挑戰更多。夢想很多，破滅更多。但我一本初衷，我不相信我無法超越我所設定的

事業巔峰。

但人生不能留遺憾，再好的緣分也禁不起敷衍，再深厚的感情也禁不起摧殘。一輩子很短，我必須在奮鬥的歷程中，還能呵護著我的家人，而是不是事業爆了，幸福卻都碎了，那將是「為誰辛苦為誰忙」的傷感。

回顧至今，一切的決定，我沒有後悔，因為每一個角色，我都是用生命最純正的元素去打拚。充滿天然氣的管線，處處都是引爆點，何必拘泥在哪個環節。

我終於知道，我要的不是管線的鋪陳，而是點燃花火的那一個亮點。而這火種不在管線，而在我真愛的心田。

❀ 第一唯一始終如一

胡思亂想不敢攀

伶俐動人千金帆

如膠似漆緊跟隨

南征北討萬裡傳

在我人生最低潮，好在有你陪伴，放下千金之軀，無畏路途之艱難，隨我煎熬隨我扛，八年抗戰，終得美嬌娘。

殊不知當時之未來能否幸福嚐，你卻依舊本初衷，把青春全賭上，只因你那句：「我相信你的肩膀。」

17 歲的姑娘，能有這樣的勇敢，豈能對我無激勵，沸騰了我每

一吋肌肉的瘋狂，再苦也不能將你放。

　　沒有甜言蜜語的妝扮，說不出夢境的璀璨，只有懇切的雙眼，感恩之心朝你望。

　　看著你汪汪淚眼，我心傷，你說那是思念故鄉想爹娘。

　　不解為何守著狂風巨浪的甲板，你說那是潛力無窮的漲停板。

　　若問何不回港灣，你說這就是我的終點站。

　　無日無夜為目標而追趕，只為早些安頓一家糧，更盼臨門一腳的夢想。狂飲一罈再一罈，那是為愛而翻轉。

　　人是肉不是鋼，一床手術摘了膽。

　　哽咽雙眼癡癡望，微笑未掉我心肝。

　　一將功成萬骨枯，豈能為財把命傷，

　　父母日漸髮斑白，班師回朝接麵桿。

　　瞬間又是八年過，一極拌上幸福窯，

　　峰迴路轉回頭探，有你不怕路迢迢。

　　胡伶如，謝謝你，我的老婆！

　　你是我第一個情人，也是我唯一的愛人，

　　更是我始終如一的戀人。

　　我欠你一個隆重的蜜月旅行，

　　再給我一點時間，

　　我要用找未來的數十年還你全世界。

　　用我的「一極拌」，南極北極都與你作伴，牽著你的手走向每一個你想到的地方。

讓所有我所想，在下車前都成為真相

回首那些年的煎熬，我感恩。

感恩的不只是歷練，更是幫助過我的人。

我當然也感恩我自己那一股拚搏的傻勁，卻也不能忽略一路以來遇見的貴人，即使他們不曾想過當我的貴人，卻在有意無意的狀態中，有形無形的幫助了我。

坦白說，我曾經真窮過，窮到不知日子如何撐過，因為窮怕了，所以我感激富有。何謂富有？三餐溫飽，安居樂業，能有擋風避雨的屋子，能有看得見的未來，能與心愛的人相守，能不讓自己的孩子為生活而擔憂，這已是富有。

回首那些年，我會微笑，因為苦過方知甜，累過方能睡得熟。

我成功了，因為我快樂。在所有的最難受之中，我都告訴自己我是快樂的。我像葉問打著木樁，練著詠春。更是夜問，何時冬過迎春。

而今，一極拌系統已陸續步上軌道，我開始做著我更想做的事，而這些事是我認為比賺錢更重要的事。公益對我而言不是沽名釣譽，因為那是快樂的緣起，能幫助表示我有能力。當過別人的貴人，才有機會在真正需要時出現生命的貴人。

我工作時非常認真，玩的時候也異常認真，做公益時同樣認真，因為我做什麼都認真，我找不到可以不認真的理由。於是我的言教身教影響了我的孩子，讀書時認真，玩樂時也認真，這是我真正留給我下一代的傳家寶——「凡事專注而認真」。

我有個夢想：當老師，但我知道我離這條路已經太遙遠了。於

是我開始反其道而行，將我生命中所有的經驗歷練化為文字，出書立作，先當作家，再當講師，四處演講，感動所有人。我相信，這是更有成就感的老師。

大家都看好，那就不叫異軍突起，能夠被複製的能力，那就沒什稀奇。

靈活，不是流暢的四肢，

而是如同變形蟲般的大腦，

你才思考，我已脫離髮梢。

我是個容易被感動的人，但你還看不到我動容時，我已因感動而行動。行為由大腦控制，大腦連線於心念，心念左右於習性，習性緣起於思維。

這是一種變動中的平衡，失衡了，就病了，亂了，錯了，丟了自己了。

贏了就是神話，輸了就是笑話，不怕鬧笑話，方能成神話。

我沒有童年，我在找我的童話，打造我的神話。

人生就像一列火車，總有人上車，也有人下車。

每個人在上車之前，車票都先蓋了戳記，

時間到了就上車，時間到了就下車，不容討價還價。

而我們，也都是別人人生列車上的乘客，

好好珍惜同車裡的相處時間，不讓分離時留下遺憾。

還有，記得下車時隨身的行李別忘帶走。

你問我在做什麼，我說：

豐富我的行囊，圓滿我的夢想，

讓所有我所想，在下車前，都成為真相。

顏嘉萱
獅子座 B 型 7 號人

✤ 我醒了

我是獅子座，B 型。但是我好像從來不記得自己星座，連生日都覺得模糊，因為我從小就是一個自卑的小女生，個子又小，又顯得自閉，穿梭在人群裡，總是最容易被忽略的那一個。

我是獅子座嗎？在天空仰望的當下，我完全看不到自己，還是爸媽記錯了生日，我怎麼可能是獅子，我是小貓座吧！我很想去驗血，在我的童年裡，我不知道什麼是快樂，怎麼可能是開朗的 B 型呢？是科技太落後，還是醫生護士驗錯了？

這一堆問號，我在身分證上尋找，1987 年 7 月 29 日，直到了明白生命靈數，才知道原來確定沒錯，43/7，我是 7 號人。我只是少了 5，少了 6。獅子的 5 也在沉睡著，於是多年來，我確實嚴重缺乏療癒的 6。

2015 年我的流年開始走 8，於是生命中大幅的震盪，離開了服務 7 年的佐登妮絲，因為我要走出自己的新格局，開創了自己的事業。

2016 年我流年開始走 9，結束了不堪回首的恐怖戀情，也重新整理我自己。

在許宏師父的引導中，我開始了不一樣的人生，因為這是我生命關鍵的引爆點。除了繼續開創「完美瑄婠」系統的美容事業，我接受了一連串的訓練，包含美容相關的更專業，也開始扭轉我

的各種能力，言武門的課程，我沒有一項缺席，而且複訓率最高，回首這將近兩年來的過程，我不禁開始佩服了我自己。

我從恐懼走向勇敢，從陰暗走向光亮，從自卑走向自信，從懷疑走向篤定，從黑白奔入了絢麗的色彩。

從在臺上支支吾吾，不知所云，到現在的侃侃而談，言之有物，反應靈敏。從文字起筆困難，到現在的詩詞韻腳力流暢。

從我最常做的傻笑，說：「真的嗎？」回應他人的讚美，到現在我已全然相信每個人對我的誇耀都是真誠的。

從參加聯誼，沒人真心記得我，到現在我已可以舉辦大型的聯誼活動，明白了人與人之間巧妙的互動，那是我在流年走9時全然的奉獻，在付出中找到成就，在奔跑中找到快感。

從只能是配角，甚至只是背景，到如今我不但已是主角，更是可以激勵各種角色的編劇與導演，我已是健言社的社長。接任社長的這一天，許宏師父親臨現場獻花祝賀，這是這生中最具代表性的一束花。因為師父說：「恭喜你，你已經長大，我看到了沉睡已久的小獅子，終於醒來，已經長大。」

2016年，美容界的曠世鉅作《美麗傳奇》，我被專訪，精彩記錄。

2017年，生命靈數的偉大寶典《翻轉命運的力量》，我成為了共同作家，自我檢視與論述。

這不是感動可以形容的心境，因為那不只是親身歷練、血汗堆積的夢想，更是我尋覓已久之輕輕甩頭便可揮灑的獅威魂魄。

2017年7月29日到2018年7月28日，那是我流年走1，穩健震撼的開端。我，顏嘉萱是B型獅子座。我醒了！

❀ 完美瑄娟

靈性深綻耀紅顏
嘉言萱浪美若仙

1987 年盛夏，嘉萱在新北市的新莊誕生了，但這是一隻最不像獅子的獅子座，B 型的開朗在小時候也從來沒有顯現過，根本就像是一個憂鬱的自閉兒。

父親早逝，由母親養大三個女兒，不知是否因此少了太陽般的安全感，被欺負似乎也已是家常便飯。憂鬱、沉悶、自卑、封閉，是再貼切也不過的童年生活。

不喜歡與人互動，是因為沒有蛻變的軀殼。在了解星座之後，深深覺得是否報錯了生辰與血型，看著鏡中自己的赤裸，彷若驚魂未定的羔羊，絲毫見不著獅群般的傲然。

聽著自己空蕩的回亢，恰似飢寒交迫的小貓兒，找不到丁點獅吼的音律聲響。步履蹣跚登上一座小山，往下眺望，突然發現車水馬龍中的水泥建築，並不是牢房，為何需要將自己禁錮在這樣的蒼茫。閉上雙眼，感受風的撫觸，體會光的問候，寧聽枝葉的呢喃，開始愛上大自然。突然在想，原來自己並不孤單。

美髮建教合作，完成了高職學業，前進知名的連鎖美容店歷練。做同事不想做的客人，忍同事不願忍的氣，一步步累積自己的實力，因為萱知道只有如此才能練就內外兼具的真功夫。這一晃眼七年過去了，萱決定換個磁場，看看外面的世界，於是轉戰其他美容系統，另行取經，繼續磨練。

這一天，萱在思考，即使我是一隻還沒長大的獅子，即使我有

這麼多不令自己滿意的地方，但我相信只要我願意學習，願意改變，我也能夠很出色。於是，萱在三重創立了自己的第一家 SPA 館「完美瑄婳」。

瑄是美玉，婳為古韻典雅之女子，因為力求完美的服務、完美的體驗、完美的感受與結果，故命名為「完美瑄婳」。

一張張無瑕的容顏，一幅幅美玉般的畫面，一朵朵會說話的媚眼。

張開雙眸展嬌豔，暢運五行轉坤乾。

萱用五種精油的配方，灌注於貴賓的心境，創造了自己品牌的第一支商品「開運精油」，歐薄荷「輕透而穿越」、伊蘭伊蘭「悠然而芬芳」、迷迭香「集思而智開」、岩蘭草「沉著而除穢」、葡萄柚「無憂而自在」。

這是萱給自己再一次的突破。

期盼每個因緣而聚的客戶都能夠在這裡，沒有壓力的情況下，真正享受放鬆的 SPA，躍升美麗與健康。

麻雀雖小，五臟俱全，最重要的這是一個有靈性、有愛的空間。萱用精進不懈的學習心，不斷讓客人同步感受自己的成長，分享自己的喜悅與感動。講師訓練超越自己的勇氣，鍛鍊自己的邏輯與口齒的清晰。原始技術與材料運用的訓練，琢磨整合多年來的功夫缺口。靈性課程、生命靈數的融入，讓自己更能洞悉客戶的需求，以達心靈共振之目標，療癒對方，也療癒自己。

人要堅強，不是逞強。堅強是勇於面對，逞強是過耗己能。

堅強是準備明天的實力，逞強是透支明日的元氣。逞強是尚未到位，堅強是皆已就緒，將逞強轉為堅強的功夫就是「學習」。

萱不斷學習，於是堅強了。

學習不是永遠跟隨，學習不是永遠當學生，而是創造傳承後的新高度。老師不是永遠掌控，而是複製超越的能力。老師會老、會死，但是熱忱不能老，精神不可死。沒有狀元老師，只有狀元學生，傳承只是過程。沒有永遠不休息的老師，也沒有永遠不畢業的學生。學生永遠沒超越，並非老師厲害，而是無能。萱想要超越，於是創業了。

你是否滿意現在的自己？誠實面對後，大部分的人都不滿意。然而，你是繼續保持現狀，維持原來的習慣與觀念，還是改變？

如果你想改變的只是結果，而不是觀念與習慣，那麼不論如何改造你的過程，結果依舊回到「原點」。

行為不動，是因為心不動。真正的心動，必然行動。

改變，改變，改變；學習，學習，學習；堅持，堅持，堅持；你將「滿意」自己。萱改變了，於是越來越滿意自己。

萱突然發現，原來自己真的是獅子座，原來自己真的是 B 型。多年的歷練與探索，萱終於找到了自己，如夢初醒。

而今，更將自己所累積的能量，釋放於有緣人的身心靈，讓她們也能滋養、喜樂、自信、滿足。

萱讓生命的每一天都充滿陽光，讓自己的靈魂奔跑在光明前景的草原上，如此暢然，因為萱說：「我是快樂的森林之王！」

故曰：

龍困淺灘不翻騰，虎落平陽被犬欺，

無懼豺狼環四處，脫胎換骨獅群聚。

✿ 健言建言也踐言

2017 年我接任了三重健言社的社長，這是在我生命中很特別的一項翻轉。我是第 64 屆的社長，64 = 10/1，剛好與我的流年數一模一樣。在這 6 的歷程，我療癒了我自己，在這 4 的接任，我更清晰明白了我自己，終於開始了一個全新亮麗的啟動。

這依舊是個奉獻的過程，而不是為所欲為的迷失，我卻也在這個過程體悟格局與胸襟，突然發現獅子般的氣度已在我的血液裡沸騰。我承接了健言社的文化傳統，也融入了我個人的創新與靈魂，開始用愛灌溉這個臥虎藏龍，群英飛騰的園地。

健言社，顧名思義當然是健康之言，矯健之語。讓大家在這樣的環境中習慣於言語口條的訓練，讓上臺不再是恐懼，讓言語不再是荒蕪，讓臺下所聞盡是成長與激勵，讓與會的成員與團隊都能融為一氣。

學說話，是一種內外平衡的健康，也是個人自信的建立，更是正面影響力的建設。同步也是言出必行，說到做到的實踐功夫，於是我推廣「健言，建言，也踐言」。

很多人聽到健言社，會問：「哪個箭？」

原來各種箭，都在大家的腦中此起彼落的浮現。

箭、見、問、鍵、艦、濺、薦、鑒、賤、諫、薦、鞭、健、建、踐。

因此我在這，要告訴大家，是「健」康的健，內涵人格之「建」立，也含言語之實「踐」。

沒有能不能，只有要不要，於是我健康我的思維，建立了我的世界，實踐了我的諾言。

> 飛魚有了翅膀，
>
> 添增了速度，也產生了逃脫的靈活度。
>
> 躲過了猛鯊的獵捕，
>
> 躍於天際，
>
> 洽被等候的鷗鳥給擒住。
>
> 思維不能自得其樂，
>
> 在那見不著的介面外，
>
> 還有風險無數。

一言既出，駟馬難追，所以每一句話都要謹慎，而非胡言亂語的不負責任。

於是謹言慎行心合一，不但是言武門的門規，更是三重健言社的初衷。

三重不只是地名，更是正能量言語的三重，健、建、踐，面面俱到的三重，我愛三重，更愛三重健言社。

> 你不訓練你自己，
>
> 可能就會被修理。
>
> 當老天開始磨練你，
>
> 可別放棄你自己。
>
> 埋怨，嘆息，都不能解決問題，
>
> 也低估了自己。

我，顏嘉萱，代表「三重健言社」歡迎你，參與我們，壯大你自己。

✿ 愛的漣漪

　　什麼是愛，什麼是喜歡，這是很多人耗費一生都無法明白的道理。子曰：「朝聞道，夕死可矣。」但我覺晚矣。一輩子都在迷夢中度過，一輩子都在失落中追求，好不容易明白了真相，卻死了，什麼快樂幸福都沒感受過，那不是白來一遭嗎？

　　男人不懂女人，只知欲望，那是獸性使然，必須教化。女人依賴男人，想靠外表換取長期飯票，那是一種愚癡的貪婪。上下交相賊，於是悲慘的故事一再上檔，重演在血肉模糊的生活螢光幕上。

　　給自己多點機會認識更多的對象，不在沒有選擇的狀態下決定了未來，那就不會總在激情過後只剩感傷。

　　喜歡只是一種感覺，在感官的迷惑下，常常只是誤會一場，需要時間的刷洗與思量。愛，是一種付出之後才有的產物，也總在付出很久後，才能真正明白自己是否真的喜歡。

　　於是，我不希望飲食男女把自己列為一般的哺乳動物來看待，而是在正向交流中，沉靜自己的思維與感受，在天時地利人和的交織中，找尋到真正相得益彰的另一半。

　　這是我開創聯誼系統的心念，不是為了啃食愛情，而迅速撲倒對方，而是不為愛情也有漣漪的相知夥伴，那才是務實的健康。

　　在沒有大逆不道的前提下，一個人有一堆缺點，只要有一絲優點，就值得讚許。

　　一個人有一堆優點，只有些許缺點，無傷大雅，不必批判。

　　我們大多都是上述這兩種人，不必給自己與別人太嚴苛的要求。

以鼓勵替代責罰，這也是留給自己後路的智商。

人多的地方，只是暫時的熱鬧，不一定是機會。

人少的路上，只是暫時的寂寞，卻總會有同伴。

人生的選擇，不該是譁眾取寵的潮流，而是已然清晰的遠見。

當你要求不多，朋友就會很多。

當你要求太多，朋友也就不多。

把快樂當朋友，朋友就會快樂。

把朋友變快樂，快樂就是朋友。

交友滿天下，知心無幾人，這是庸才。

知己滿天下，身邊不缺人，堪稱天才。

熟悉的人，突然陌生了。

陌生人，突然熟悉了。

理解，除了是能力，也是願意。

有一天你突然會發現，

熟悉與陌生的關鍵，

不是時間，而是心念。

我，顏嘉萱願意搭起友誼的橋梁，那不是盲目相親的迷惘，而是在快樂踏實的前提下，讓自己有被看見，被發現的希望。在愛的追求與等待中不再莽撞。

獅子身旁的射手

爸爸在我的生命裡消失了，我不想悲傷，選擇將那股渾厚臂膀的力量，蝕刻在我的胸膛，而將懷念在記憶裡埋葬，因為我知道，我只能堅強。

我的母親羅美璧，很美，卻也如同名字美璧一樣，歷經雕琢，拋光，再煎熬。

天羅地網逃不出，生命顛簸亦茹素，

靈魂堅韌耀美心，再現古璧黃金屋。

我很感動的是媽媽以我為榮，因我感到成就感，感到踏實，因媽媽親眼見到了我所有的轉變，於是媽媽也開始參與健言社，也參與言武門各種訓練，真正實踐古人所言：「活到老，學到老。」並且「學得好，活更好」，不管老不老，只看好不好。

刀子嘴豆腐心，那是射手座的習慣，雖然有時深感懊惱，卻是我奮鬥歷程中不可缺少的愛的火苗。

媽媽不是嗜好嘮叨，謾罵絕對不是興趣，這是媽媽為了咱們的好。不想於碎唸中度日，我們可以讓一切做得更好。

媽媽有一天可能連我們的長相都忘了，但她不會忘記她最愛的永遠都是自己的孩子。

總有一天，你會想念那份嘮叨，那為何此刻不享受這份幸福。

人會忘了愛我們的人對我們的好，這是正常，就像人們常忘了父母一樣。

人常常無法對人太真誠，總是很難不計較，那是自然，因為他們不是自己的孩子。

己之出無所怨尤，出己之所已淡然。

生日苦的是母親，快樂的卻是你，合理嗎？

媽媽，不是只在母親節這天愛過你，我們豈能連這天也忘了。

媽媽很正派，再怎麼辛苦，總是堅定正能量的傳導。媽媽現在也是指引人生方向的導師，雖然口語表達仍舊樸實，各種的呈現沒有花俏，我卻更引以為傲，因為這就是值得信賴的鎖鑰。

媽媽射手座，我是獅子座，兩個火象星座的熱情在燃燒，前進踏實的無限可能。我們都相信只有要不要，沒有做不到。因為師父說：「我們的個子很小，腦容量更小，只要想得到，沒有做不到。」

媽媽，謝謝您！有您真好！

蕭悅

天蠍座 B 型 8 號人

❀ 長城上蛻變的月亮

在這本書之前，我已經出版了我的處女作《長城上蛻變的月亮》。原本書名是要定為《蕭悅傳》，後來改成《蕭悅傳奇》，但是師父說蕭悅的精彩才正要開始，傳奇還在繼續發酵，並不是回憶錄，因此正式定稿時就改成《長城上蛻變的月亮》。

我的本名是蕭琳玲，大家都叫我「琳兒」，因此在書寫過程中，故事的敘述都是以琳兒描述。16 歲到北京後，為了立志，改名為「蕭月」，卻在登記時筆誤成了「肖月」。而今這本新書的誕生，師父將我的名字定為「蕭悅」，不再如風中之月，而是蕭灑而喜悅。

回首多年的故事歷程，就像昨天一樣，進入時光隧道，身歷其境還是很痛，只是多了些成長。有好多次快寫不下去了，因為那種揪心的感覺，很容易令人再次哽咽。

洋洋灑灑 12 萬字，遠遠超越了師父給我的目標 8 萬字，然而故事只不過是冰山一角、鳳毛麟角。最痛的，完全沒敢落筆。待時機成熟，又長了智慧，我想我應該會用更貼切的口吻，更有啟發性的引導來陳述那些慘不忍睹。

在我最苦最難的那一年，我 18 歲，我就在想，當我以後很好、很成功的時候，我一定要把這一切寫下來。2008 年、2009 年我曾經寫了一些，在沒有堅持的狀態下斷了筆跡，那時還沒想出書。

2015 年我覺得酸甜苦辣也夠多了，深怕日子久了，腦子不好使

了，所以希望如同寫真集一般的概念，我想記錄這軌跡，留給自己的孩子，當成精神的傳承。

2016 年又是人生的另一個大震盪，我食不知味、生不如死，直到遇見師父，方得逆轉。

2017 年我向師父請了一套師父的作品集，師父慷慨應允，說農曆年後上課時再帶到北京。

2017 年 1 月 6 日，我向師父報告我想寫一本書，師父輕鬆的回答：「我幫你圓夢！」除了感激，我也開始了 8 號人的執行力。1/7 凌晨我就寫下了第一本書的第一篇了。

前後我用工作的空檔寫了四個月，在師父的專業指導下順利完成。師父說：「人的腦容量很小，只要想得到，就一定能夠做到。沒有能不能，只有要不要。」

是的，我想要，所以我已經做到。

咬牙不是生氣，而是跟上，

憤怒不是逆向，而是超前。

如果你的倔強能讓你更成長，請繼續。

如果你的叛逆能讓你更光亮，請別停。

否則請緩緩，思考方向。

你必須搞清楚，沒人能放棄你，除了你自己。

我花了 20 年飄蕩在北京，在生命的長城上堆砌自己的心靈。努力撥開雲霓，依舊看不見自己。2017 年我記錄了成長蛻變的痕跡，希望能夠有更多的人看到，並且能有正面的影響力。

請你抬頭望向天際，皓月在長城上揮手，照亮著你我曾經被遺忘的唏噓。此刻已分外清晰，因為沉重的霧霾已褪去。

✿ 讀懂自己

　　1982 年 9 月 19 日這個生日我過了好多年，於是我當了 12/3 的 3 號人好久，外在必須堅強如男人，內在又渴望當女人，而心念卻期盼當個孩子。而這樣的能量狀態，9 個數字缺了 4 個，4567 全缺，完美主義的吹毛求疵一覽無遺。更重要的 3 個 1，對應 3 個 9，1 為水、9 為火，中間缺了 5 的連結與遮罩，於是矛盾衝突的水火沖因應而生，造就了矛盾體，至今尚未全然療癒。

　　2016 年 12 月 4 日我認識了師父，在千里外的解析中，師父要我從此忘了這個生日，而將生日改為 1982 年 11 月 4 日，而這個才是我的陽曆正確生日。4、6 有了，卻形成了 357 隱性連線，師父說這樣就能形成深度的人際關係影響力。然而矛盾依舊存在，因為 5 仍然缺乏。但至少自我的 1 已超越夢想的 9，不再那麼的內外糾結水火不容。

　　2017 丁酉年的初一到初九，師父給了我連續九天的震撼教育，欣喜若狂，掩面而泣，逐漸清晰，邏輯建立，打破陳封，快速療癒，靈光乍現，執行徹底，奉獻自己。這九天像九年，更像九個世紀，而我就在一會兒在山巔、一會兒在谷底的持續翻攪中，洗滌著一次又一次。

　　2017 年 2 月，我見到了期待多日的師父，如同跨越千百年的相聚，然後就是一連串的顛覆，逆轉了我故步自封的思想模式，很喜悅，也很煎熬，因為這是習性的扭轉，誠屬不易。

　　從生命靈數，267 表達力訓練，紫微斗數，我重新解讀我自己。

　　五月到澳大利亞，在西海岸沿途瘋狂三週，卻又是人性重新排

列組合的靈魂之旅。

八月到臺灣，踏進師父的根據地，讓千奇百怪的植物精油薰蒸了自己。

九月到山東，在孔子學府浸潤儒家思想與中國古文化的深刻酒麴。

十月、十一月、十二月，連續三個月，我沉溺在緣起《易經》與《黃帝內經》的中國醫藥智慧裡。

2017 年的我，花了一整年在療癒，不只是身體，更是那不曾深究的心底與靈性的祕密。

我把長髮截去，俐落了思緒，並非少了三千煩惱絲，而是拉近了開竅的距離。

我從自我否定的認為一切不可能，到現在的沒什麼不可以。推翻了原本的計畫，建設了不曾想過的新自己，碰觸到了曾是遙不可及的高貴靈魂。

2017 年 1 月的前世回溯、未來探究，曾以為那是夢境，而今卻已在歷史驗證，並且將那不曾想過的能力，納入了我的軀體。

我從只是為了這個家奉獻自己，到此刻也成就了自己為作家、演說家，以及不虛幻的人生導引專家。這一切令我蛻變的歷程，沒有師父，沒有重生的自己。感激已不能言喻。

我發現，在超越物質追求的糾結後，我的精神需求太高，很容易空虛。我想要成為理想中的那個人，想找到自己設定的態度與狀態，我花了一整年讀懂我自己。

2017 年讀懂了，2018 年要把懂的穿透了，所以「讀懂自己」的這門功課，我繼續。

　　不想在即將老去之前，留白了青春，因為我必須不枉此生。我喜歡煙花的燦爛，即使成為灰燼，也甘願。這是我明白自己的習性，會不會有轉折之念想，我會繼續解析。

❀ 習性

> 我是一道光，從天而降，
>
> 只為了尋找，愛的幻想，
>
> 穿梭人群中，折斷了翅膀，
>
> 早已回不去，原來的地方。
>
> 曾以為那是胸膛，
>
> 誰知道只是誤會一場，
>
> 曾以為那是肩膀，
>
> 誰知道再次淚灑衣裳。
>
> 我仰天長嘯，哭喊。
>
> 空蕩了靈魂，絕望。
>
> 是你用雙手撫慰我的傷，
>
> 將羽翼重新為我組裝，
>
> 是你牽引我再度找到方向，
>
> **再度展翅翱翔真正的夢想。**

　　這首歌是我 2017 年的代表作，也是我對師父表達的最誠敬之感激，對於我的生命而言，如同再造。

2017 年這一年已是傳奇，因為我雕塑了一個從來不曾想過的自己，在矛盾衝突中逐漸清晰，靜心思索，確實是奇蹟。

在師父的耐心引導中，我不斷盤點著自己。自虐、自戀又自卑的交錯，師父說那是自然。我有時低估了自己，有時又太高看了自己，卻在這一年耿直的認清到太過透澈。

我似乎看懂了什麼，卻又明白放不下什麼。我好像可以冷靜，卻又顯得雜亂不堪。在率性而為的情緒中隨心所欲。師父的那句「管他媽媽嫁給誰，管他爸爸娶幾個」的那種衝動，經常驅趕著我的意志，卻不一定是正確的時機。

在潛意識裡，我似乎明白我真的是有使命的天使，在達成任務與幫助之中擁有寰宇的助力，因此總能在完全不可能的狀態中扭轉局勢，我深刻知悉此乃天意。

師父 2005 年的第一本書《成就一瞬間》深深影響了我。

成就如何一瞬間，就在觀念與習慣改變的那瞬間。

沒錯，我真的想更有成就些。不是那已然獲得的物質與虛名，而是真正受人敬仰的那種影響力。於是我還在學習，學習改掉我的惰性，改掉我的太過隨性，這是我對自己的要求，或許以旁人的角度，已顯矯情。

還沒盤點過自己，豈知方向在哪裡。

奮鬥需要知道存糧，拚搏必須明白實力。

我做了什麼，想做什麼？

我需要什麼，該做什麼？

我盤點著我的過去、現在、未來。

我盤點著我的優勝劣敗，盤點我的能力，盤點我的人際。

有時，我覺得自己什麼都沒有，

總在盤點過後，才發現什麼都不缺。

在能力的進銷存裡，我學習，我運用，我傳承。

我很努力並且期待那一個景象，在千人會場，萬頭攢動的引領盼望中，在臺上傳述著我奮鬥時每一刻的感動。

❁ 我的愛為誰存在

我像個孩子，很有愛，也很需要愛。我很真，因為那是天蠍座的無法造作。我難以掩蓋自己的喜怒哀樂，脆弱於種種的悲歡離合。而那堅強，盡是不得已的勇敢。

在孩提時代，我的愛當然是為了父母，為了兄弟姊妹，為了所有的親人。在青春年華之時，當然本能的衍生了非親情之愛。曾經都是甜蜜，到後來全是傷害。在愛情的浪潮中浮浮沉沉，隨便一抓，以為就此安然，誰知竟是稻草，瞬間跌落深不見底的黑潮深豁。

在死寂的絕望中，我曾經想放棄自己，很想放棄，卻張眼一望，孩子已在我的懷抱裡。為了這個小生命，緣起於自己的軀體，我再度鼓起勇氣，把愛存在於孩子的當下與未來裡。

手足之情，我也在意。身為長姊的名分，卻也必須真正扛起，在那妹妹們還在成長的日子裡。

當家人的貴人是福氣，是緣分，我不可能不願意。但，總不能

因為寵溺，而將各自成長與承擔的必須給化為廢墟。如同生命靈數所說，貴人線的負面呈現就是懶人線、廢人線，在依賴成習性之後，全是悲哀的結局。

我的愛，沒給誰失望過，卻總是讓自己落寞。我的愛，總是太過憧憬了美好的想像，卻如同泡沫。

愛，沒有對不對，沒有該不該，只有願不願意愛。

但要如何才能愛了沒有傷害，也能被愛，真誠對待。愛過千山萬水，忘了回眸一瞥。愛到一草一木，忘了深愛自己一回。

2017 年的生日前，是滿滿的療癒 6，生日過後，除了是那幸運的 7，更是直覺力的清醒。在難以扭轉的習性中，我仍在練習「把愛留給最真的自己，隨喜奉獻，觀照值得的你」。

孩子，在傳承的血液裡，我把所有的能量灌注給你。期望你快樂、健康、獨立、有擔當。喜歡你的忠厚，卻害怕你的太善良。那股菩薩心腸，也得鍛鍊自己的臂膀。要救人過河，也得讓自己能渡江，切莫溶化於水中央。

我想，創傷記憶讓我們太過自卑，就是如此才會少了勇氣，不敢面對。

2018 年是我們母子翻騰的一年，我已全然準備好了一切，正朝著我們自己欣賞的模樣在前進。

孩子，我們一起加油！

當一切從零開始，付出的努力需要加倍，

你的躍進堅定了我前進的步伐。

我們的成績單已然證明了改變的力量，

既是必然的結果，亦是約定的開始。

言教不如身教，身教不如境教，

相信的鼓勵，學習的標榜，成長的氛圍，

這一年，我更好了，你也在為此而改變。

嗨！蝸牛，我拉著你，你拉著我，

我們一起，就這樣慢慢的向前奔去！

我的愛，除了爹娘、妹妹、良師益友們，

我很確定，為你而存在。

快樂天使

　　人生的道路上，總有太多的悲壯，總有太多的時候不知怎麼辦。多少人的家庭毀於一旦，只因為對未來太樂觀。少了安排，就容易被突發狀況暗算。

　　最苦的日子我熬過，最窮的生活我捱過，那種先活下來再說的感受，若不是親身體會，很難訴說。母親的腎臟病折騰了好多年，那是日以繼夜的醫藥費準備，換個腎臟的天文數字，我想沒有太多人有辦法消費。

　　而我，很慶幸有能力承受。但這又是天時地利人和再加上很多的好運氣，否則也只剩哀戚悲鳴而已。

　　在企業奮戰多年後，我選擇投入幫助的行列，善用保險機制，就能防範於未然。我希望大家都能快樂，在腦袋上都能戴上快樂的帽子「HAT」。因為慘痛來時，快樂是奢求。當悲劇發生時，

很難有快樂的想法。於是我希望集結更多人的力量，擔任這防範未然的快樂天使，願有緣者一起為奉獻而奮戰。

快樂天使團隊「HAT」：Happy Angel Team

快樂是一種想法，幸福是一種感受。

因為沒有快樂的想法，就沒有幸福的感受。

我們建構快樂的思維，凝聚快樂的成員，成就快樂的氛圍， 明所有需要快樂的發生。

我們不乎口號，而是細膩的踏實做到。

我們沒有夢想，而是完成自己心中所想。

我們願意幫助，只為感染更多的願意傳遞。

我們複製幸運，因為堅信幸運可以傳承。

我們知道宇宙最大的祕密，

那就是根本沒有祕密，

只要想我們要的，說我們要的，做我們要的，結果就會是我們要的。這是自然，不是祕密。

生命的所有負面情緒與心境，在這裡都能痊癒。

世界所有的不可能，在這裡都能完成。

在這裡沒有你做不到，只有你不想要。

這裡是幸福基地，用快樂的配方當溶劑，而這配方就叫 HAT。

這裡沒有你我他，只有一個生命體，叫做「我們」。

我們得天之助，行天之意。

我們不是一群烏合之眾，而是同一脈搏的生命共同體。

我們很不一樣，卻歡迎你快樂的與我們一樣。

我們有個共同的名字，就叫快樂天使「HAT」！

宋宜芳
牡羊座 O 型 9 號人

✿ 悟

1978 年 3 月 26 日 O 型牡羊，標準的 36/9 的人，雙重 369 連線的智慧型夢想家。

宋詞唐詩天韻綻

宜古宜今亦芬芳

在南勢角這個靈氣逼人之地，有如烘爐般精煉著我的思緒，近 40 年的光景沒有真正離開這個空間，我想這必然有著天地早已譜上的用意。

回首童稚至今，彷若昨日煙雲，而我卻也沒有辜負這點滴的累積。不是在軀體的紋路，卻是那靈性智慧的痕跡，我感激。

人總有想不透的道理，總有不明白的際遇。我也曾在抱怨中啜泣，腫了雙眼，痛了血液，連呼吸都感到悲悽。但我突然明白，這一切的過程都有其意義，並非那麼的剩下灰燼而已。即使是杯盤狼藉的殘破不堪，即使是如夢初醒的悵然，都是必然而必須走過的功課。

迷亂中找尋著蛛絲馬跡，荒涼中拼湊著畫面，在那自我對話的唏噓中，逐漸清晰。

悟，是心中的我，而不是相機裡反射的自己。

悟，是傾聽心裡的聲音，而不是亂了自己的胡言亂語。

那一刻，我不再掙扎老天出的習題，不再傲慢於自我認知的

侷限，而是感激那一切錯誤的衝擊，勇敢承接每一份奉天承運的寓意。

在廉貞坐命的框架中，我曾被那無形的力量所囚禁，但我已找到了鎖鑰，自己開啟。不再點燃那牡羊的衝動，還有那沸騰的 O 型血。

123 的藝術，那是創意領導的格局。

369 的智慧，那是內外顯斂的重疊。

789 的貴人，那是有形無形的交錯。

267 全然的飽足，我豈能忽略老天的囑咐。

於是我開始，善用這天賦能量的孕育與爆發力。

我自詡藝術家，卻沒有學過才藝，因為我懂生活，懂得品味生命中每一種相遇的細膩。

所有的藝術學習，對我而言早就融入在生活裡，而不是矯情於每一種所謂的專業表演領域。

然而曾經深度演練的書法，讓我靈活於所有手上握起的筆桿子，將靈魂的氣息透過筆尖舞動在紙張上的高潮迭起。

你若問，最喜歡哪個字，毫不猶豫，就是「君」，期許自己一生為君子。

你問，女流之輩，何以談君子。

非也，非君子即小人也。

君的意思太多，有君王之意，有高尚之函，有一般人之解。故，君若天下廣無邊。

君為尹口，尹為治。懂得治理口才之人，即可謂之君子。口之重要，無與倫比，病從口入，禍從口出。因此君為我一生奉行不

悖的方向。

　　我從楷書開始練起，因為那是規矩。然而從來不想與一般人相同的習性，在那自由的渴望中，我卻練起了草體。於是我的筆跡，規矩中不失奔放，力度中有著輕重緩急，如舞步，如旋律，每一個字都顯得詩情畫意。看似無聲卻有聲，望之無語也激勵。

　　我的字體粗中帶細，柔中帶剛，楷中行草，獨樹一體，吾人稱「一方軒體」，一方氣勢，軒然奔騰。

　　生命有如揮墨，遍灑宣紙，點滴心頭。

❀ 傳承

在原始的世界裡才有無汙染的環境，就像活在深山中的古樹，才有那世俗攀爬不到的幽然，不被打擾，卻也因此少了互動的能力與文化的薰陶。所以孩子的教育不可能是封閉式的自我感覺良好，而是如何在城鄉差距的陰陽失調中，奮力取得平衡。

資訊發達的時代，我們不可能讓孩子如同放牛吃草，也不能在所謂的一廂情願中圈禁他們的自由思考。我們給了孩子的肉體，但必須尊重他們的靈魂，能做的只是在責任義務與緣分間穿針引線，編織那一張彼此都能接受的美好。

大人的錯誤，不能導致孩子的失誤。父母的破碎，也不能引發孩子的殘缺。在那思維上，心靈裡，還有能力的堆砌，確實是半點不可馬虎的延續。在上者不找藉口，在下者才不會慌亂著創造理由。正確的教育，確實需要金錢當材火，卻也必須有著陪伴的溫度，維繫那隨時會被吹滅的火候。

我所能做的，沒有停過。我所期待的，你們也得奮鬥。除了學校教育的根基別落後，在興趣中領悟道理別蹉跎。引領成長的過程，我也在學習。你們扎根茁壯的環節上，我不能大意。忙碌是為了生活，辛苦是為了後頭，這本就是生命常有的經過。

帶著你們在太陽下奔跑，在草地上翻滾，望著那汗流浹背，看著那滿臉通紅。痛了，可以淚流，但記得自己擦乾。餓了，可以進食，但要明白與感激一切的得來不易。你可以不滿意，那麼請鍛鍊自己的能力，在未來的日子裡自己爭取。

你們兄弟倆，永遠是我的珍寶，卻不能寵溺成媽寶，否則那是

害，不是愛。在讀經班的氛圍裡，不是希望你們死記，而是將那四書五經的精髓烙印在靈魂裡。就像那《弟子規》裡的每一句，都是為人處事的根基。

我不奢望你們成為巨大的偉人，因為那需天命。

我不渴望你們成為為富不仁的強人，那又會有報應。

我只盼望你們能夠成為身心靈都健全的平凡人，有自己的能力，有自己的成就，有自己一生值得提起的回憶。

我能傳承的，不是十八般武藝。而是身為一個人，頂天立地，不愧對自己的基本道理。

立一方之尊嚴，軒輊相繼，同軸共舉，

不枉今生成兄弟。

大多的孩子成天捧著鍵盤打遊戲，大人看著螢幕聊空虛，突然沒有了手機，字都不知如何寫下去，這是多麼可怕的毀滅能力，這是多麼顛倒的本末先後。

毛筆，鉛筆，原子筆，筆筆動人心。

書法，心法，闡述法，法法順天意。

君不見黃河之水天上來，那是李白將進酒的惆悵。

君已見揮灑之情紙上現，那是一方軒承先啟後的八方美意。

傳承，從就一字一句的一筆一畫開始。

翻轉命運的力量

星座血型生命靈數最佳指南

編　　　著／許宏
作　　　者／許宏、林儷、張凱鈞、張凱雯、金裔、黃雅錡、謝金山、魏碩宏、蔡文苑、
　　　　　　朱麗芳、陳志豪、葉綠子、賀寶萱、尹睿妤、呂采瑄、王琪麟、楊心瑜、劉芝蘭、
　　　　　　鄭嘉宏、顏嘉萱、蕭悅、宋宜芳
美 術 編 輯／孤獨船長工作室
責 任 編 輯／許典春
企畫選書人／賈俊國

總　編　輯／賈俊國
副 總 編 輯／蘇士尹
編　　　輯／高懿萩
行 銷 企 畫／張莉滎‧廖可筠‧蕭羽猜
發　行　人／何飛鵬
出　　　版／布克文化出版事業部
　　　　　　臺北市中山區民生東路二段 141 號 8 樓
　　　　　　電話：（02）2500-7008 傳真：（02）2502-7676
　　　　　　Email：sbooker.service@cite.com.tw
發　　　行／英屬蓋曼群島商家庭傳媒股份有限公司城邦分公司
　　　　　　臺北市中山區民生東路二段 141 號 2 樓
　　　　　　書虫客服服務專線：（02）2500-7718；2500-7719
　　　　　　24 小時傳真專線：（02）2500-1990；2500-1991
　　　　　　劃撥帳號：19863813；戶名：書虫股份有限公司
　　　　　　讀者服務信箱：service@readingclub.com.tw
香港發行所／城邦（香港）出版集團有限公司
　　　　　　香港灣仔駱克道 193 號東超商業中心 1 樓
　　　　　　電話：+852-2508-6231 傳真：+852-2578-9337
　　　　　　Email：hkcite@biznetvigator.com
馬新發行所／城邦（馬新）出版集團 Cité（M）Sdn. Bhd.
　　　　　　41, Jalan Radin Anum, Bandar Baru Sri Petaling,
　　　　　　57000 Kuala Lumpur, Malaysia
　　　　　　電話：+603-9057-8822 傳真：+603-9057-6622
　　　　　　Email：cite@cite.com.my
印　　　刷／卡樂彩色製版印刷有限公司
初　　　版／2018 年（民 107）3 月
售　　　價／360 元
Ｉ Ｓ Ｂ Ｎ／978-957-9699-06-8

城邦讀書花園　布克文化
www.cite.com.tw　www.sbooker.com.tw